POLIARCHIA/PANARCHIA

UN MANIFESTO

Poliarchia / Panarchia

World Wide Wisdom

Oxford, Saint-Imier, La Coruña, Milano - 2022

ISBN 978-1-905668-10-6 (e-book)

ISBN 978-1-905668-11-3 (print book)

Poliarchia - Panarchia - Stato - Statismo - Capitalismo - Socialismo - Futuro - Comunità Volontarie

Sites Web:

www.polyarchy.org

www.wwwisdom.net

Per informazioni, commenti, correzioni:

e-mail: info@wwwisdom.net

INDICE

INTRODUZIONE

Un virus pestilenziale è sorto e si è diffuso dappertutto nel mondo durante il XX secolo.

Si è insinuato e impadronito delle menti e dei corpi, ha influenzato atteggiamenti e indirizzato azioni, ha dominato la vita e segnato la morte di individui e comunità.

Il nome di questo virus è **statismo**.

Da Londra a Washington, da Parigi a Berlino, da Mosca a Pechino, da Madrid a Buenos Aires, lo statismo è emerso e ha operato in varie forme e sotto varie vesti e denominazioni.

È venuto il tempo di analizzare la natura di questo virus e le malattie e i disastri che esso ha provocato.

È venuto il tempo di smascherare le coperture ideologiche perpetrate e accettate durante il corso del XX secolo e proporre un nuovo schema interpretativo capace di fornire una spiegazione ad una serie di fenomeni altrimenti inspiegabili.

Per fare ciò dobbiamo, prima di tutto, individuare le origini e dar conto della crescita di questo virus.

PARTE I

IL PASSATO/PASSATO

1

PREMESSE STORICHE

La storia sociale dell'umanità è, in larga parte, il racconto del potere e dei conflitti generati dal potere, nelle varie sfere di vita, tra gruppi parassitari e gruppi produttivi.

Il potere può essere visto come l'imposizione di vincoli da parte di una persona o gruppo nei confronti delle libertà di pensiero, parola e azione di un individuo.

A partire dall'anno 1000, lo sviluppo del commercio e la rinascita urbana portarono al superamento del sistema chiuso dell'economia feudale.

Il nuovo potere delle città e delle corporazioni si diffuse al di là delle mura cittadine e aprì nuovi spazi di libertà per servi e contadini.

La città divenne polo di attrazione e porto di accoglienza di un nuovo gruppo di individui che praticavano varie arti e mestieri, che producevano per il mercato locale e commerciavano con persone in luoghi vicini e lontani. Se il termine 'borghesia' ha un significato storico è proprio in riferimento a queste cerchie, piccole e grandi, di artigiani e mercanti che vissero e prosperarono nei centri urbani d'Europa (burgs, bourgs, borghi) durante il XIII e XIV secolo.

Questi 'borghesi' furono coloro che non solo diedero impulso alla produzione e al commercio su larga scala, al di fuori dei vincoli feudali, ma promossero anche nuovi valori di parsimonia e fiducia e misero in atto nuove pratiche contabili (la partita doppia), nuovi modi di pagamento (la lettera di cambio) e nuove forme di raccolta e impiego del risparmio (la commenda), che portarono ad un ulteriore sviluppo delle produzioni e dei commerci.

Verso la fine del secolo XIV, questi individui e gruppi estremamente dinamici erano diventati non solo ricchi e potenti ma anche gelosi della loro posizione di ricchezza e di potere. Fu a quel punto che le corporazioni cittadine iniziarono ad introdurre disposizioni restrittive contro il contado (la popolazione rurale) e contro altre città (gli stranieri).

Queste disposizioni miravano a salvaguardare il monopolio delle corporazioni nella produzione e nel commercio all'interno di un dato territorio.

Per raggiungere questo scopo, le corporazioni, un tempo orgogliose della loro autonomia, arrivarono persino ad invocare decreti reali che garantissero loro certi privilegi, barattando così la libertà con la protezione.

Occorsero parecchi secoli perché quel baratto producesse, inevitabilmente, i suoi frutti avvelenati. Parallelamente alla soppressione delle autonomie comunali, un nuovo potere si preparava ad assumere il controllo: lo stato.

2

LO STATO

Contrariamente a quanto da molti creduto, lo stato (e soprattutto lo stato nazionale) non è una forma di organizzazione politica che esiste da sempre.

Innanzitutto va detto che le società, cioè comunità organizzate di esseri umani, esistevano molto prima dell'avvento dello stato e senza che avvertissero il bisogno dello stato.

In secondo luogo, nel corso della storia, la principale forma di organizzazione politica fu rappresentata non dallo stato nazionale ma da altre entità, vaste come l'impero macedone, l'impero romano, la chiesa cattolica, il sacro romano impero, o piccole come la polis greca, il feudo medioevale, il comune rinascimentale.

L'affermarsi dello stato come potere centralizzatore risale al XVI secolo e deriva dalla presenza di due fattori di debolezza che appaiono contemporaneamente nel corso della storia:

- *universalismo* : i poteri universali come il papato o l'impero diventano a mano a mano sempre più deboli, culturalmente e politicamente;
- *particolarismo* : i poteri locali come i comuni e le corporazioni

diventano sempre più reazionari, consegnando le proprie autonomie a poteri più forti in cambio della protezione nella messa in atto di pratiche monopolistiche nella produzione e nel commercio.

Gli elementi di novità introdotti dallo stato in rapporto al periodo feudale / comunale riguardano:

- la *monopolizzazione* del potere su un territorio più vasto;

- la *centralizzazione* delle decisioni e della elaborazione delle leggi con la soppressione di usi e norme delle comunità locali.

A partire dal XVI secolo il potere dello stato aumentò sempre più e un insieme di principi teorici vennero elaborati su come esso dovesse agire nella sfera politica e in quella economica.

Questi princìpi teorici sono conosciuti sotto il nome di mercantilismo.

3

IL MERCANTILISMO

Il mercantilismo è stata l'ideologia economica degli stati nazionali nella loro prima fase di crescita.

Essa era caratterizzata da tre aspetti principali :

- *interventismo.* Lo stato promuoveva in prima persona o favoriva lo sviluppo di monopoli e oligopoli minuziosamente regolamentati. In generale, la produzione e il commercio (specialmente quello estero) erano sotto il controllo dello stato;
- *fiscalismo.* Il favore dato ai monopoli derivava, non ultimo, dal fatto che essi erano più facilmente controllabili sotto l'aspetto fiscale. Le concessioni di privilegi monopolistici alle corporazioni e ai mercanti avevano anch'essi come principale obiettivo di assicurare un fonte di entrate per lo stato;
- *egemonismo.* La produzione e il commercio erano mirati ad un aumento della quantità di metalli preziosi (oro, argento) incamerati dallo stato in quanto ritenuti indice del suo grado di potenza e di ricchezza in rapporto ad altri stati.

A partire dal XVI fino alla metà del XVIII secolo, i princìpi del mercantilismo rappresentarono l'ideologia e la pratica dominante del potere.

Si trattava di un feudalesimo a più ampio livello, con la stessa struttura piramidale ma con due differenze sostanziali. La prima consisteva nel fatto che i comuni e le corporazioni avevano preso il posto del feudatario nel dominio del contado. La seconda differenza era che, in cima alla piramide, regolando e controllando (o meglio tentando di controllare) ognuno e ogni cosa, vi era un potere centrale: lo stato.

Questo aspetto di regolamentazione e di controllo (interventismo) appare nelle numerose e minuziose disposizioni concernenti l'apprendistato, la mano d'opera, la manifattura, il commercio.

L'interventismo aveva come obiettivo a breve termine quello di raccogliere risorse (fiscalismo) per il funzionamento della macchina statale e nel lungo periodo quello di sostenere e rafforzare il potere e il predominio (egemonismo) degli interessi statali all'interno e all'estero.

4

IL DECLINO DEL MERCANTILISMO

L'ideologia mercantilista trovò applicazione piena e rigida in Francia, più flessibile nei Paesi Bassi e in Inghilterra.

L'allentamento del controllo statale permise a queste due ultime regioni di avviare un processo di sviluppo economico e sociale che le avrebbe portate a una posizione di crescente importanza.

Invece, la Francia, dove la pratica del mercantilismo era più vincolante e opprimente, avrebbe perso la sua posizione di preminenza e sarebbe rimasta indietro nei secoli a venire.

In effetti, il mercantilismo può essere visto come una versione aggiornata e corretta del feudalesimo, basata sull'alleanza tra corporazioni cittadine monopolistiche e uno stato centralizzatore.

Tutti gli interventi statali nella sfera economica, attraverso investimenti finanziari o la concessione di privilegi monopolistici, ebbero l'effetto di impastoiare e frenare invece che stimolare e rafforzare l'industria e il commercio.

Non fu quindi certo per caso che nuove concezioni ideologiche, che suggerivano e raccomandavano un nuovo corso nella politica economica, apparvero prima che altrove in Francia, dove gli interventi restrittivi dello stato erano più oppressivi.

Questa nuova scuola di pensiero fu chiamata fisiocrazia.

5

LA FISIOCRAZIA

Il movimento fisiocratico fu una reazione contro l'importanza attribuita dallo stato alla manifattura e al commercio di esportazione in rapporto all'agricoltura. Rappresentò, al tempo stesso, la convinzione dell'esistenza di leggi economiche naturali in contrasto e in opposizione alle regolamentazioni statali.

Questa convinzione trovò espressione nella formula "laissez-faire, laissez-passer", un grido e un'esortazione contro le innumerevoli interferenze dello stato in attività che avrebbero trovato piena fioritura se solo fossero state lasciate libere di svilupparsi autonomamente.

Il ruolo dei fisiocratici fu quello di produrre strumenti teorici su cui basare la convinzione che il progresso economico si sarebbe potuto realizzare solo attraverso una riduzione del ruolo dello stato.

Ma essi non ebbero molto ascolto e seguito pratico in Francia, il loro paese d'origine.

In effetti, l'ancien régime, la rivoluzione francese e l'impero napoleonico, mettendo da parte dichiarazioni pompose e altisonanti sulla libertà ed emancipazione dei popoli, furono tutti espressione di uno stato sempre più potente, pronto a controllare e a monopolizzare tutto per la propria grandezza, anche a costo di bloccare lo sviluppo economico e sociale.

La Francia, che aveva già accumulato un ritardo proprio a causa dei vincoli mercantilisti, da questo momento in poi avrebbe giocato un ruolo chiaramente subordinato rispetto ad altri paesi, ben più liberi e dinamici.

Tra questi, uno dei più liberi e dinamici, si avviava a diventare l'Inghilterra.

6

LA LIBERTÀ

LIBERALISMO / INDIVIDUALISMO

Lungo il corso della sua storia e fino al XVI secolo, l'Inghilterra è stata una regione arretrata dal punto di vista economico e tecnologico rispetto alla maggior parte dei paesi europei.

Non possedeva né le disponibilità monetarie della Spagna derivanti dall'oro e argento provenienti dal Sud America, né la magnificenza e la raffinatezza della Francia. Il paese presentava una scarsa popolazione e una bassa produttività. Nonostante ciò, iniziò a sviluppare qualcosa che avrebbe contato enormemente nel lungo periodo: tolleranza e libertà.

La tolleranza rese possibile, ad esempio, accogliere popolazioni che erano state perseguitate ed espulse da altri paesi, come gli Ugonotti. Queste nuove risorse umane contribuirono allo sviluppo di nuovi settori di produzione.

La libertà generò un grande fermento e permise la sperimentazione di idee che diedero vita alla invenzione, adozione e diffusione di nuovi strumenti meccanici. Prometeo, sciolto da catene, iniziò a costruire un nuovo mondo industriale basato sulle macchine.

Dalla metà del XVIII secolo e specialmente dopo il 1780, l'Inghilterra crebbe progressivamente e incessantemente nella produzione, nelle invenzioni meccaniche e nella potenza.

Non è di certo l'accumulo di oro e argento che costituisce la base della crescita economica, come una rozza concezione della dinamica economica vorrebbe farci credere, ma l'attitudine e la pratica della tolleranza e della libertà.

Fu proprio in questo clima sociale, e dalla felice unione del liberalismo e dell'individualismo, che presero l'avvio le rivoluzioni nell'agricoltura e nell'industria, che avrebbero portato ad una prodigiosa crescita della produzione e dei mezzi di sussistenza e ad un miglioramento generale delle condizioni di vita.

7

L'INDUSTRIA

La ricetta che diede vita alla rivoluzione industriale ha un ingrediente essenziale che si chiama: libertà.

Nel XVIII secolo l'Inghilterra era diventato uno dei paesi al mondo di maggior rispetto e pratica della libertà. Ecco perché lì prese avvio la rivoluzione industriale.

Essa è stata il prodotto della libertà e ha prodotto a sua volta un ulteriore sviluppo della libertà: di produrre, commerciare, inventare.

Non è la divisione del lavoro (come nel famoso esempio della fabbrica di spilli) che rappresentò la base della rivoluzione industriale. Un aumento della produttività non sarebbe stato sufficiente ad avviare e a sostenere una trasformazione così radicale. La libertà di migliorare la produttività, di applicare la creatività alla produzione e al commercio senza che l'invenzione fosse bloccata e l'inventore deriso, importunato o persino impiccato; questo è ciò che ha contato e ha rappresentato l'elemento di novità e di diversità dell'Inghilterra della rivoluzione industriale rispetto ad altri paesi.

I protagonisti dell'industrializzazione e della meccanizzazione furono coloro che, in questo clima di libertà, applicarono la curiosità e l'ingegnosità alla produzione e al commercio. Inventori e imprenditori emersero da tutti i settori produttivi della società; non solo l'aristocrazia terriera che introdusse miglioramenti nei metodi colturali ma anche il barbiere Arkwright con la diffusione della macchina per filare e l'orologiaio Watt con l'invenzione della macchina a vapore.

La borghesia come classe non fu certo il motore della rivoluzione industriale.

Se per borghesia ci riferiamo al maestro di una corporazione, con le sue pratiche monopolistiche nella produzione e nel commercio, egli certamente agì, per un periodo notevolmente lungo, come un freno potente ad ogni progresso economico e tecnologico. Già allora, il tempo della borghesia come classe rivoluzionaria era tramontato; solo il nome, borghesia, sarebbe rimasto, pronto per essere usato a fini ideologici, come titolo di vanto o di disprezzo.

Questo periodo storico è stato caratterizzato dal ruolo dominante svolto dal capitale fisso (macchinari) e per questo ci si riferisce ad esso come epoca del capitalismo.

8

IL CAPITALISMO

ORIGINI E SVILUPPO

Il capitalismo emerse in Inghilterra, in Scozia e nei Paesi Bassi verso la metà del XVIII secolo.

Se, erroneamente, come già rimarcato da Adam Smith, identifichiamo capitale con denaro allora il capitalismo è esistito molto prima della rivoluzione industriale e la sua origine è databile con l'introduzione della moneta.

Ma capitale (nel contesto della Rivoluzione Industriale) significa soprattutto macchinari impiegati per la produzione di beni. Con questa qualifica, il capitalismo è il sistema economico di produzione basato sull'uso estensivo e crescente delle macchine (strumenti semplici o complessi).

Il capitalismo si caratterizza, quindi, per il predominio del capitale (macchine) e per il ruolo centrale da esso svolto rispetto ad altri fattori di produzione (terra, lavoro).

È un dato di fatto che in altri paesi (ad esempio la Cina) vennero inventati, molto prima che in Inghilterra, strumenti e congegni meccanici, ma l'assenza di libertà dovuta al controllo dispotico dello stato, impedirono il loro utilizzo e la loro diffusione.

Per questa ragione, le macchine, benché importanti e centrali per l'esistenza e il funzionamento del capitalismo, possono svolgere il loro ruolo produttivo solo in presenza di specifici pre-requisiti.

I pre-requisiti del capitalismo fanno riferimento al clima sociale e alle attitudini psicologiche promosse e sviluppate da gruppi e individui.

9

IL CAPITALISMO

AMBIENTE E ATTEGGIAMENTI

Le caratteristiche principali del capitalismo, del clima sociale e delle attitudini psicologiche in cui esso era immerso, possono essere identificate in tre aspetti :

- liberalismo (politico, economico, culturale);
- individualismo (diritti naturali, intraprendenza);
- economicismo (industriosità, frugalità, calcolo economico).

Il capitalismo è stato un periodo produttivo altamente dinamico, un'epoca rivoluzionaria della storia economica e sociale durante la quale individui hanno continuamente trasformato e migliorato mezzi e modi di produzione.

Il capitalismo ha favorito lo sviluppo di una concezione dei rapporti sociali estremamente semplice : ogni individuo, provvedendo al proprio interesse, avrebbe concorso ad assicurare l'interesse degli altri individui e della comunità nel suo complesso. Per questa ragione, quanto più ampia fosse stata la libertà del singolo di perseguire il proprio interesse, tanto più e tanto meglio l'interesse di tutti sarebbe stato salvaguardato e promosso.

Si trattava del capovolgimento totale della visione di Hobbes "homo homini lupus" che offriva giustificazioni all'esistenza di un potere assoluto. Era, quella capitalistica, una ideologia così ottimistica e animatrice di progresso da fornire terreno fertile per la nascita e diffusione di ogni sorta di visione messianica e utopistica di rigenerazione sociale in cui veniva posto al centro l'essere umano e non il despota 'illuminato'.

Le due più importanti visioni di rigenerazione sociale che sorsero in quel periodo furono l'anarchia e il socialismo.

10

ANARCHIA E SOCIALISMO

Anarchia e socialismo sono stati due sistemi teorici di organizzazione sociale risultanti dall'analisi del capitalismo e propugnanti il suo superamento. In altre parole, la finalità ultima dell'anarchia e del socialismo consisteva nell'andare oltre il capitalismo, verso lo sviluppo integrale degli individui e della società.

Nell'immagine di queste nuove concezioni di organizzazione sociale, dopo l'epoca buia del medioevo e l'alba rappresentata dal capitalismo, sarebbe emersa la luce di un radioso avvenire sotto le insegne dell'anarchia e del socialismo.

I principi base dell'anarchia e del socialismo erano in molti aspetti similari. Facevano riferimento al superamento di tre contrasti:

- la *divisione tra stati nazionali* attraverso la diffusione del pacifismo e dell'internazionalismo;
- la *divisione tra lavoro manuale e lavoro intellettuale* attraverso lo sviluppo pieno di tutte le forze produttive tra cui, in primo luogo, l'essere umano;
- la *divisione tra campagna e città* attraverso il distribuirsi armonioso della popolazione sul territorio e la disponibilità di abitazioni, di spazi verdi e di attrezzature sociali per tutti.

Gli aspetti di divergenza tra le due concezioni riguardavano:

- il diverso peso assegnato all'individuo (anarchia) e alla società (socialismo);

- il ruolo (o la mancanza di ogni ruolo) attribuito allo stato nel periodo di transizione verso la nuova organizzazione degli individui in società.

Durante il XIX secolo, l'antagonismo dinamico e la cooperazione conflittuale tra il capitalismo e i suoi potenziali eredi (anarchia e socialismo) produsse come risultato un miglioramento continuo nelle condizioni generali di vita, a tal punto da generare l'illusione di essere giunti ad un'epoca di progresso materiale e morale senza fine.

11

L'APOGEO DEL CAPITALISMO E DELL'ANARCHIA/SOCIALISMO

Il capitalismo da un lato e l'anarchia / socialismo dall'altro condividevano alcuni principi di base quali:

- scientismo (fiducia nella scienza e nella tecnologia);
- universalismo (internazionalismo e scambi a livello mondiale);
- pacifismo (anti-militarismo).

In effetti, scientismo, universalismo e pacifismo videro il loro massimo splendore nel periodo di affermazione del capitalismo (prima metà del secolo XIX), quando l'Inghilterra, culla del capitalismo, era troppo impegnata a inventare, produrre e commerciare su scala mondiale per farsi distrarre da guerre che avrebbero causato disturbo a queste attività.

Il dinamico rapporto di cooperazione / conflitto tra il capitalismo e le sue controparti, l'anarchia e il socialismo, produsse come risultato:

- la distruzione delle vestigia feudali e dei particolarismi mercantilistici e la diffusione di nuove norme generali di comportamento economico;

- la produzione di un crescente ammontare di beni, al punto tale che, per la prima volta a memoria d'uomo, alcuni iniziarono a coltivare il sogno di un mondo privo di povertà e foriero di prosperità per tutti.

Durante il XIX secolo, crebbe una notevole fiducia in un progresso senza fine basato sulla democrazia politica e lo sviluppo sociale, che raggiunse il suo culmine con le rivoluzioni del 1848 e con l'Esposizione Universale di Londra del 1851.

Il capitalismo e le sue controparti, l'anarchia e il socialismo, erano al loro apogeo. Nel frattempo, lo stato, soprattutto in Inghilterra che era il paese più avanzato, restava per lo più nel retroscena.

12

LO STATO NEL RETROSCENA

Durante la maggior parte del XIX secolo, lo stato rimase in disparte, almeno per quanto concerneva la vita economica.

Persino in un paese statocratico come la Francia, lo stato, testimone dell'eccezionale sviluppo economico dei paesi vicini quali l'Inghilterra e l'Olanda, si trovò costretto ad allentare il suo controllo sugli individui.

Lo stato dovette farsi da parte.

Strade ferrate, elettricità, produzioni, commerci, venivano sviluppati e gestiti autonomamente da individui e imprese.

L'agire di uno stato debole, debole in confronto alla forza degli altri poteri, ebbe un'influenza benefica e di progresso in quanto mirava solo a limitare il dominio di coloro che disponevano di eccessivo potere.

Per esempio, in Inghilterra, gli ispettori statali che redigevano rapporti sulle condizioni di lavoro, iniziarono a farsi promotori di interventi sulla sanità ed igiene e sostenitori della riduzione della giornata lavorativa e dell'educazione dei fanciulli.

Oltre lo stato, anche taluni settori della società e singoli imprenditori intervennero facendo sentire la loro voce e levandosi contro molti degli aspetti più brutali del capitalismo, soprattutto il dominio della macchina sugli esseri umani.

Alcuni lati negativi erano il portato di epoche precedenti come, ad esempio in certe attività, l'obbligo del lavoro dei fanciulli fin dall'età di cinque anni, una pratica imposta dallo stato mercantilista in Francia e in Inghilterra e fatta rispettare imponendo multe ai genitori che non si attenevano all'ingiunzione.

Ma, nonostante squilibri sociali, atroci casi di sfruttamento e dure condizioni di vita, la gente iniziò a nutrire speranze di una vita migliore in quanto tutto progrediva: la salute, l'educazione, l'alimentazione, le abitazioni, contribuendo ad allungare il corso della vita.

In aggiunta a ciò, le persone, in numero sempre maggiore, prendevano parte attiva alla vita sociale; tutto ciò faceva presagire, attraverso l'estensione del diritto di voto durante il XIX e il XX secolo, un ulteriore sviluppo della partecipazione. Purtroppo, l'estensione del diritto di voto si accompagnò al fatto che nuovi padroni e paladini si fecero avanti a rappresentare le masse.

A quel punto il libero gioco e la contesa tra interessi differenti che aveva saputo produrre una dinamica reale di miglioramento personale e sociale, si spostò gradualmente verso l'arena politica dove trovò una pletora di nuovi attori pronti ad impersonare differenti ruoli 'pubblici' (cioè statali) quali ad esempio il politico, il burocrate, il giudice, l'ufficiale dell'esercito, il poliziotto.

Lo stato stava facendo la sua ricomparsa.

13

LO STATO RICOMPARE SULLA SCENA

Il massiccio lavoro di distruzione del passato e di costruzione per il presente e il futuro avrebbe potuto portare ad un progresso senza fine se solo si fossero potuti tenere sotto controllo gli aspetti di degenerazione (quali lo sciovinismo e il protezionismo) presenti in qualsiasi realtà (capitalismo e socialismo inclusi). Ma ciò non accadde.

Quindi, dopo un breve interludio, in cui lo stato, rimasto o tenuto in disparte, dovette condividere il potere con altri poteri emergenti del capitalismo o del socialismo, esso cominciò a riaffermare la sua passata supremazia.

A tal fine, in primo luogo iniziò ad agire contro poteri meno forti di un tempo, come la chiesa cattolica, o strutturalmente deboli come il movimento anarchico.

La chiesa cattolica, già pesantemente colpita da espropri e restrizioni in tutta Europa e specialmente in Francia, ricevette un duro colpo quando i decreti Ferry (1880) imposero la registrazione, vale a dire la richiesta allo stato del permesso di esistere, a tutti gli ordini religiosi e sancirono l'espulsione dei gesuiti che si rifiutarono di obbedire. Questo fatto sanzionò il capovolgimento totale di secoli di dominio della chiesa a favore del dominio dello stato.

Il movimento anarchico, il più libero ma anche il più ingenuo di tutti i movimenti per una società nuova, fu rapidamente discreditato e distrutto attraverso infiltrazioni e manipolazioni. La propaganda dello stato riuscì, presso persone non acculturate, a far identificare la parola anarchia con disordine e caos, come se gli anarchici fossero contro l'organizzazione e la regolazione sociale *tout court*, e non semplicemente contro il controllo e l'irreggimentazione da parte dello stato.

Dopo di ciò, venne il tempo di sbarazzarsi del capitalismo e del socialismo.

La tattica scelta fu quella di dominare il capitalismo e di annacquare il socialismo, utilizzando sia il bastone che la carota, aizzando l'uno contro l'altro fino a che nuovi imprenditori capitalisti, pieni di rabbia e di preoccupazione, fossero disposti a scendere a patti con nuovi capi socialisti ambiziosi e desiderosi di potere, il tutto sotto il controllo paternalistico dello stato.

Fu un'opera mirabile di cooptazione, corruzione e coercizione.

Durò vari decenni e ricevette una spinta notevole da un fenomeno nuovo che avrebbe unificato le masse e infettato sia il capitalismo che il socialismo: il *nazionalismo.*

14

NAZIONALISMO

Durante il XIX secolo, mentre il capitalismo dominava sulla scena mondiale e il socialismo lottava per garantire ai lavoratori una parte più grande e migliore della crescente produzione, un nuovo fenomeno apparve sulla scena politica: la lotta per la formazione di stati nazionali (Germania, Grecia, Italia, Polonia).

Questa lotta per l'autonomia nazionale non era, inizialmente, priva di connotati di progresso, in quanto ribellione contro poteri esterni oppressivi e voce a favore dell'autodeterminazione dei popoli. La lotta avrebbe potuto mantenere il suo aspetto progressista se le nuove entità nazionali avessero adottato il decentramento federalista e accettato la diversità culturale (come in Svizzera) e avessero annullato qualsiasi traccia di sciovinismo e autoritarismo.

Invece, al posto del federalismo, fu il centralismo che fu introdotto e mise radici. E con esso l'atteggiamento di egemonia nazionale di una cultura sulle altre, che guardava con ripugnanza e con disprezzo a lingue e costumi differenti.

Il nazionalismo si era installato al potere.

Con l'affermarsi del nazionalismo in Europa, il capitalismo e il socialismo assunsero sempre più un atteggiamento e un comportamento egoistici e particolaristici.

L'originario spirito di creatività, competizione per il progresso e lotta per l'avanzamento dei popoli su scala mondiale era ormai cosa del passato.

Al loro posto, sotto le bandiere degli stati nazionali, due fenomeni trovarono rapido consolidamento:

- il burocratismo
- il monopolismo.

15

BUROCRATISMO

Lo stato, ritornato ad una posizione di preminenza e di dominio, aveva bisogno di un esercito di servitori per svolgere le molteplici e nuove funzioni che cominciò ad arrogarsi, in aggiunta alle funzioni tradizionali svolte in passato e che ampliò e rafforzò : tributi, esercito, polizia, prigioni, scuola, giustizia, salute, trasporti, servizi postali, controllo generale sull'industria ed il commercio, e via dicendo.

La base materiale per il sostentamento di un così vasto esercito di servitori dello stato fu resa possibile dall'esistenza parallela di imprenditori e lavoratori a produttività crescente nei settori agricolo e industriale. Infatti, è solo l'attività dinamica di gruppi produttivi che permette la formazione e il consolidamento di strati parassitari.

In questo caso, l'area del parassitismo poteva essere estremamente vasta in quanto le forze produttive erano notevolmente cresciute.

Una novità ulteriore, rispetto all'ancien régime nella fase di poco antecedente alla rivoluzione francese, era rappresentata dal fatto che ora (quasi) ogni cittadino poteva diventare servitore dello stato, senza che a ciò ostassero privilegi di nascita. Finalmente, attraverso la vasta e continua espansione della burocrazia statale, una esistenza parassitaria diventava una possibilità reale per molti, non solo per il ceto aristocratico.

Inoltre, l'allargamento della burocrazia non era confinato allo stato ma riguardava anche le organizzazioni capitaliste e socialiste. Anche in questi ambiti era possibile per individui brillanti ed ambiziosi salire la scala sociale e diventare controllori e portavoce delle masse.

La burocratizzazione della società introdusse una dinamica degenerata tra il capitalismo e il socialismo. Se l'originaria tensione avesse continuato a funzionare indisturbata, come in passato, avrebbe probabilmente condotto ad un incremento progressivo del potere di acquisto dei lavoratori e ad un miglioramento delle loro condizioni di vita e di lavoro. Inoltre, una riduzione graduale e sostanziale della giornata lavorativa si sarebbe verificata, come in passato.

Invece, nulla di ciò accadde. Al suo posto crebbe il consumo dei servitori dello stato e di altri strati parassitari a spese delle forze produttive.

Il burocratismo diede origine anche ad un altro tumore: il *monopolismo*.

16

MONOPOLISMO

L'inclinazione naturale dello stato è di monopolizzare il potere, almeno all'interno di un dato territorio, di solito abbastanza grande; condividere il potere con altre forze è qualcosa di intrinsecamente antitetico e alieno alla essenza stessa dello stato.

Al tempo stesso, lo stato nazionale è terreno fertile per la crescita di monopoli nella sfera economica. Per motivi di potere (verso l'esterno) e di controllo (all'interno), lo stato nazionale ha favorito la formazione e il consolidamento di monopoli e oligopoli attraverso:

- il *clientelismo* : concessione di diritti esclusivi di produzione e di distribuzione a imprese nazionali di proprietà statale o controllate dallo stato o servili nei confronti dello stato;

- il *protezionismo* : isolamento e salvaguardia delle imprese nazionali dalla concorrenza estera. Attraverso il protezionismo, lo stato è diventato il padre e la tariffa d'importazione la madre dei monopoli.

Con il clientelismo e il protezionismo, lo stato non solo ha creato e rafforzato i monopoli ma, astutamente, si è fornito una giustificazione per l'estensione dei suoi interventi. Infatti, facendosi paladino, per motivi di propaganda politica, di norme anti-monopolistiche e della proprietà statale di alcune risorse chiave, lo stato, il padre effettivo dei monopoli, ha conseguito il risultato brillante di apparire come il protettore dell'uomo qualunque contro i grandi affaristi, diventando però al tempo stesso, senza riconoscerlo apertamente, l'unico vero monopolista.

In ogni caso, che siano di proprietà o sotto la supervisione statale, lo stato favorisce organizzazioni che si modellano sul suo esempio ed è più incline a trattare con alcune grandi imprese facili da identificare e da controllare che con una miriade di piccole e dinamiche entità economiche. Questo è storicamente vero non solo nella sfera economica ma anche e soprattutto in quella politica e culturale.

Infatti, dove lo stato si impegnò in maniera più aggressiva e al tempo stesso più abominevole ad esercitare il suo controllo monopolistico e a spingere verso l'omogeneizzazione totale fu nei suoi rapporti con le minoranze etniche grandi e piccole. In questo ambito la furia criminale dello stato centralizzatore raggiunse la paranoia, fino al genocidio, come nel caso del massacro degli Armeni (1 milione e mezzo uccisi dallo stato turco all'inizio del XX secolo) e nello sterminio degli Ebrei (6 milioni eliminati per mano dello stato tedesco).

Il monopolismo esigeva il burocratismo e quest'ultimo, a sua volta, rinforzava il monopolismo.

Monopolismo è sinonimo di centralizzazione e di omogeneizzazione. Per raggiungere questi obiettivi, lo stato impiegò non solo la repressione ma anche e soprattutto l'indottrinamento e la manipolazione.

Seguendo l'esempio del governo Prussiano (1808), lo stato si attribuì il monopolio dell'istruzione.

Come al solito, giustificazioni progressiste o semi-progressiste, in linea con lo spirito dei tempi, incoraggiarono le nuove misure. Nel caso specifico dell'istruzione scolastica, i sostenitori dell'intervento statale avrebbero avuto alcune valide ragioni se lo stato si fosse limitato ad un sostegno e ad un aiuto materiale all'istruzione senza immischiarsi nei contenuti educativi. Invece, il sistema di istruzione statale significò, fin dall'inizio, omogeneizzazione forzata degli individui attraverso un controllo centralizzato e un indottrinamento delle menti.

In epoca posteriore, si sarebbe aggiunto a ciò il controllo monopolistico dei mezzi di comunicazione (ad esempio, la radio) per diffondere la propaganda, filtrare l'informazione e mettere sotto silenzio l'opposizione.

Questa manipolazione sarebbe risultata molto utile nel fornire docile carne da macello per i futuri massacri promossi dagli stati nazionali.

PARTE II

IL PASSATO / PRESENTE

17

LO STATO ASSUME IL CONTROLLO

Contemporaneamente al nazionalismo, due cibi sarebbero diventati sempre più l'alimento di base delle masse, conditi in vari modi dallo stato ora più che mai in combutta con il capitalismo e il socialismo degeneri (vale a dire, burocratici e monopolizzatori). Questi alimenti erano:

- l'odio razziale
- l'odio di classe

La lotta per il potere politico fu condotta da gruppi che gareggiavano per ottenere il supporto delle masse e che, a tal fine, erano disposti a suscitare passioni irrazionali per motivi ignobili.

L'odio rivolto contro gli 'altri', i 'diversi', gli appartenenti ad una differente religione, cultura, tradizione, modo di vita, credenza politica, questo odio divenne, in Europa, moneta corrente alla fine del XIX secolo.

Gli Ebrei, in genere, furono il capro espiatorio, il comodo bersaglio per sviare l'attenzione da crisi o misfatti dello stato. Dall'affare Dreyfus in Francia fino alla soluzione finale messa in atto dai nazional socialisti, e anche oltre, attraverso il XX secolo, l'odio di razza e l'odio di classe, suscitati e promossi dallo stato, si sono fusi a creare una miscela intossicante.

Questa miscela, basata sul nazionalismo come ingrediente di base, ha prodotto due risultati principali:

- imperialismo
- militarismo

Occorre focalizzare l'attenzione su questi due fenomeni (imperialismo, militarismo) in quanto essi rappresentano il punto di passaggio verso la scomparsa (totale) sia del capitalismo che del socialismo e l'emergere del virus (lo statismo) che ha infettato comunità e individui a partire dalla fine del XIX secolo e per buona parte del XX secolo. Questo periodo è stato contrassegnato dal dominio degli stati nazionali e dai disastri e dalle distruzioni di cui essi sono stati i mandanti e gli esecutori.

18

IMPERIALISMO

L'imperialismo è lo stadio iniziale dello statismo.

Nel passato, mercanti e avventurieri, pellegrini e missionari, hanno attraversato gli oceani, messo piede su territori sconosciuti; intere popolazioni sono emigrate ed hanno occupato terre, si sono mescolate con popolazioni indigene, si sono insediate e hanno colonizzato nuove regioni.

Quando lo stato mercantilista fece la sua comparsa sulla scena mondiale, l'obiettivo della colonizzazione divenne quello di trovare ricchezze di cui appropriarsi, soprattutto oro e argento, in quanto si riteneva che tali metalli rappresentassero una crescita della ricchezza e del potere dello stato.

Questa politica statale divenne nota sotto il nome di colonialismo.

Durante il periodo di sviluppo del capitalismo (dalla fine del XVIII alla fine del XIX secolo) il colonialismo ebbe quasi una battuta di arresto. Lo stato, il principale promotore e sostenitore del colonialismo, non rappresentava più il centro del potere; al tempo stesso, i nuovi e dinamici poteri rappresentati dagli imprenditori e dai commercianti del fiorente capitalismo erano tutti presi dalla produzione e commercializzazione di beni e dall'invenzione e perfezionamento di nuovi strumenti meccanici.

La situazione si modificò notevolmente allorché venne instaurato un sistema di stati nazionali in Europa e nel momento in cui il capitalismo aveva messo in piedi una macchina produttiva così potente da rendere possibile il mantenimento di strati parassitari in continua crescita (la burocrazia e le sue appendici sociali).

A quel punto sia il colonialismo che gli avamposti e i depositi su cui si basava il commercio capitalistico, divennero realtà del passato ed un nuovo fenomeno fece la sua comparsa : l'imperialismo.

Il dominio imperialistico fu costruito, in molti casi, sulla base degli esistenti avamposti commerciali; ecco una delle ragioni per cui il capitalismo è stato associato e identificato con l'imperialismo. Ma l'imperialismo (dominio politico) non costituiva un portato necessario né del capitalismo (profitto economico) né dello sfruttamento economico precapitalistico. Infatti, prima dell'avvento del capitalismo, enormi guadagni furono realizzati con il commercio degli schiavi basandosi su piccole stazioni commerciali sparse lungo la costa africana del Senegal, senza che vi fosse alcuna necessità per gli schiavisti bianchi di occupare un paese o, persino, di penetrare al suo interno.

Per quanto poi concerne il capitalismo, esso era interessato a produrre e commerciare beni, non ad occupare o amministrare territori. Aveva bisogno di avamposti commerciali, non di un territorio, di una capitale o di una burocrazia.

La tesi che, dietro ad ogni avventura imperialistica vi fossero favolosi guadagni economici, ricchezze e tesori indescrivibili, è così plausibile da essere (quasi) universalmente accettata anche quando pienamente sconfessata dai fatti. Chiaramente questa credenza ha fatto molto comodo allo stato quando ha dovuto trovare giustificazioni razionali per le sue follie di potenza. Ma, in realtà, l'imperialismo, nel suo complesso, è stata una avventura estremamente costosa che nessun capitalista sensato avrebbe mai preso in considerazione o intrapreso se fossero state in gioco le sue personali fortune.

Solo il nazionalismo statale, sfruttando la potenza produttiva del capitalismo, poteva produrre l'imperialismo.

Ma l'aspetto più rilevante da tener presente è che, dietro l'imperialismo, quale promotore e sostenitore, vi era la crescente massa della burocrazia statale e il ruolo crescente giocato dall'apparato militare.

19

MILITARISMO

Il consolidamento degli stati nazionali e le loro avventure imperialistiche richiedevano servitori non solo con la penna (burocrati) ma anche con la spada (soldati).

Le spese militari crebbero considerevolmente tra la fine del XIX e l'inizio del XX secolo. In Germania esse passarono da 10 milioni di sterline inglesi nel 1870 a 110 milioni nel 1914 (una crescita di 10 volte); in Gran Bretagna, durante lo stesso periodo, esse crebbero da 23 a 76 milioni.

Con le spese crebbe l'arroganza della casta militare, stimolata e rafforzata dalla ambigua follia del patriottismo, così rispettabile in apparenza, e così profondamente marcio in profondità.

In Francia tutto ciò appare ben visibile nel tragico e farsesco sviluppo dell'affare Dreyfus, con la casta militare assetata di sangue, pronta a mentire ad ogni occasione, cercando di mettersi al riparo a qualsiasi costo.

In Germania, l'attitudine militaristica dei prussiani, tenuta in così alta stima nell'intera Europa, era pronta a coinvolgere altri stati del continente nel massacro della guerra.

La prima guerra mondiale non scoppiò per caso ma fu il risultato inevitabile di una crescita del militarismo alimentata dal nazionalismo e dall'imperialismo di ogni singolo stato.

La corsa alla spartizione dell'Africa rappresentò la fase di irrobustimento bellico dello stato nazionale, la preparazione preliminare alla guerra totale.

Il colpo di pistola a Sarajevo sarebbe diventato il pretesto per la fine del breve interludio del liberalismo e avrebbe costituito la miccia per eventi che, in breve tempo, avrebbero condotto al superamento definitivo del capitalismo e del socialismo.

20

LA FINE DEL CAPITALISMO

La crescita congiunta del militarismo e del nazionalismo contribuì ad indirizzare il capitalismo lungo la strada della burocratizzazione e delle pratiche monopolistiche.

A partire dalla Germania, il protezionismo, indebolito sotto il capitalismo ma mai del tutto estirpato, si era nuovamente rafforzato verso la fine del XIX secolo.

In effetti, già da allora, il sistema capitalistico nel suo complesso non era più un sistema dinamico e progressista come era ritenuto e presentato sia da sostenitori che da avversari. Nuovi potentati economici (i trusts e le grandi imprese) avevano accresciuto enormemente la loro presa sull'economia mentre riducevano al minimo rischi e responsabilità (società a responsabilità limitata). In alcuni casi, monopoli e cartelli, favoriti dal risorgente protezionismo, si erano già fatti gioco del libero mercato (la cosiddetta mano invisibile); in altri casi, industrie vecchie e sorpassate supplicavano l'aiuto dello Stato (finanziamenti, tariffe, ecc.) nella vecchia tradizione della politica mercantilista.

Allo scoppio della prima guerra mondiale, lo stato, quasi ovunque, assunse il controllo delle ferrovie, della navigazione marittima, delle riserve d'oro, e di alcuni materiali strategici.

Dopo la guerra, lo stato tedesco controllava l'allocazione e l'uso di più del 50% del reddito nazionale; in Italia, nel 1934, Mussolini poteva vantarsi del fatto che i 3/4 dell'economia fossero nelle mani dello stato.

Fu in quel frangente che lo stato si ritenne pronto a controllare e dominare non solo l'economia ma l'intera società. E, sottomesso ad una logica di nazionalismo, protezionismo e monopolismo, il capitalismo era oramai disposto ad accettare una posizione subordinata nei confronti dello stato, a svolgere, negli anni a venire, il ruolo di utile idiota da strapazzare per qualsiasi occorrenza andasse storta, la docile mucca da mungere per qualsiasi risorsa andasse spremuta. E questo ruolo il capitalismo l'accettò per essere lasciato vegetare, anche se in una forma degenerata.

L'imposizione da parte dello stato di politiche neo-mercantiliste basate sul protezionismo strangolò il commercio mondiale e fu responsabile delle crisi ricorrenti e della lunga depressione, entrambi attribuiti al funzionamento del capitalismo. Per un lungo periodo durante la prima metà del secolo XX la produzione ristagnò o crebbe molto lentamente pur in presenza di bisogni insoddisfatti. Fu solo durante la seconda metà del secolo, con l'abolizione di molte tariffe doganali (1948 Gatt, 1957 Mercato Comune Europeo) che le persone iniziarono a godere di un innalzamento del tenore di vita. Il contributo dello stato nella prosperità post-bellica è nullo, a meno che non si voglia far passare per merito il fatto che lo stato ridusse la sua presenza asfissiante e il suo controllo rovinoso sul commercio 'estero' (ma non certo sugli affari 'interni').

Che, nella prima metà del secolo XX, il capitalismo venisse purgato e liquidato dallo stato, appare in maniera estremamente chiara ed esemplare nel trattamento riservato agli ebrei. Se vi erano individui che rappresentavano in pieno lo spirito del capitalismo (internazionalismo, liberalismo, calcolo economico, ecc.) questi erano gli Ebrei. E il secolo XX, il secolo dello statismo, ha visto la discriminazione, ghettizzazione e lo sterminio delle comunità ebraiche da parte dello stato in vari paesi d'Europa.

La fine del capitalismo e la sua sostituzione con lo statismo e la sua politica neo-mercantilista, può essere datata, in Europa, dallo scoppio della prima guerra mondiale. Da quel momento in poi, l'Europa sarebbe stata dominata da un regime di protezionismo e di dirigismo amministrato dagli stati nazionali.

21

LA FINE DEL SOCIALISMO

L'ascesa del capitalismo e il moltiplicarsi delle fabbriche aveva significato una crescita notevole del numero degli operai dell'industria.

Sul fronte politico, l'estensione del diritto di voto rappresentava la possibilità, per i lavoratori, di eleggere propri rappresentanti al parlamento nazionale.

Per migliorare le condizioni di vita delle masse dei lavoratori, si formarono in tutta Europa partiti socialisti (laburisti, operai) e sindacati. I partiti e i delegati di partito, se da un lato introdussero una maggiore disciplina e continuità nella lotta per l'emancipazione operaia e per il miglioramento delle condizioni di vita, dall'altro divennero sempre più agenti esterni che assunsero il controllo delle masse e le manipolarono per i loro fini (di reddito, sicurezza, potere).

Una nuova burocrazia emerse. La dinamica della sua ascesa assomigliò a quella della burocrazia statale : la produzione rese possibile alimentare nuovi strati parassitari, in questo caso strati provenienti dalla classe operaia o parteggianti per la classe operaia. I burocrati di partito divennero i fabbricanti e i mediatori dei conflitti, sostituendosi all'azione diretta e al processo di auto-emancipazione dei lavoratori.

Il potente partito socialdemocratico tedesco si modellò sull'esercito prussiano e divenne l'esempio da seguire per gli altri partiti socialisti europei.

Come nel caso del capitalismo, la fine del socialismo fu, prima di tutto, una débâcle morale che distrusse lo spirito (l'anelito verso il socialismo) conservando il cadavere (la burocrazia di partito).

Molte sono le pietre tombali che hanno marcato la morte del socialismo, tra cui :

- Gennaio 1919 : Rosa Luxemburg e Karl Liebknecht uccisi per mano di gruppi paramilitari (i Freikorps) con la connivenza del ministro dell'interno, il socialdemocratico Noske;

- Marzo 1921 : repressione sanguinosa dell'insurrezione di Kronstadt da parte dei comunisti bolscevichi;

- 1936-1937 : diffamazione e soffocamento del movimento anarchico da parte dei comunisti durante la guerra civile in Spagna.

Queste pietre tombali marcarono anche morti fisiche. Ma nulla è stato più rappresentativo della fine del socialismo per degenerazione interna, che il voto pressoché unanime dei rappresentanti parlamentari della socialdemocrazia tedesca a favore dei crediti di guerra (agosto 1914)

Da quella data in poi, il termine 'socialista' (come in 'partito socialista') non faceva già più riferimento, in alcun modo, ai concetti di libertà, emancipazione, internazionalismo e pacifismo, vale a dire, ai concetti base del socialismo.

22

LA RESA FINALE

L'apice di tutta questa dinamica che, alla fine, instaurò il dominio mondiale di un nuovo sistema di potere basato sullo stato, si realizzò un martedì, alla fine di ottobre dell'anno 1929.

Il 29 ottobre del 1929, la borsa americana crollò e il suo crollo compromise per sempre la reputazione del capitalismo come sistema di regolazione economica, in grado di sostenersi senza regole imposte dall'esterno. Dopo quel memorabile evento, il capitalismo risultò totalmente e irrevocabilmente morto, in teoria e in pratica.

La fabbricazione di quell'evento e del risultante sentimento anti-capitalistico fu un colpo geniale del governo federale degli Stati Uniti d'America.

Al tempo in cui si svolsero gli avvenimenti, la parola 'capitale' indicava più pezzi di carta, fossero essi biglietti di banca o azioni, che non macchinari produttivi; e questo la dice lunga sulla trasformazione del termine 'capitale' e del mondo dai tempi di Adam Smith. In realtà, il così detto 'capitalismo' aveva subito una trasformazione così grande (dall'industria alla finanza, dal libero commercio al protezionismo, dal laissez-faire al dirigismo) che sarebbe stato molto più appropriato (da un punto di vista teorico e pratico) affermare che esso era morto piuttosto che si fosse modificato. Ma questa sincera dichiarazione di decesso non faceva comodo né allo stato, il nuovo occulto padrone, né alla gente in generale, che ancora fantasticava di libertà di commercio, di libera impresa, di equilibrio nei conti economici, realtà da tempo scomparse o che, in alcuni paesi, non erano mai esistite.

Negli Stati Uniti, almeno a partire dalla guerra con la Spagna (1898) e dalla presidenza di Theodore Roosevelt, il governo federale, vale a dire l'amministrazione centrale dello stato, aveva iniziato ad intervenire e ad interferire nella sfera economica delle piccole e grandi imprese.

Nel 1913 la banca centrale (la 'riserva federale') era stata istituita per porre fine alla cosiddetta 'anarchia' del capitalismo e offrire un rimedio contro il fallimento delle banche che, negli ultimi 20 anni, aveva coinvolto 1748 istituti.

Il protezionismo era in ascesa. Il governo degli Stati Uniti era stato altamente protezionista sin dalla fine della Guerra Civile (1865) e successivamente (1890) con le disposizioni tariffarie ultraprotezioniste di McKinley. Il decennio che vide il grande crollo iniziò con le tariffe protezioniste del decreto Fordney (1922) e si concluse con una ulteriore crescita delle barriere doganali con le disposizioni tariffarie Hawley-Smoott (1930).

Il colpo geniale del governo federale americano fu dunque quello di distruggere la libertà nella produzione e nel commercio attraverso una serie di controlli e di restrizioni, mentre rinfacciava al capitalismo, o a quello che ne era rimasto, di abusare di una libertà (chiamata, in tono dispregiativo, anarchia) di cui non godeva più già da parecchio tempo.

La crisi si produsse come risultato della incompatibilità tra uno stato mercantilista (cioè protezionista) in rapida ascesa e una economia capitalista (cioè di libero mercato) in via di scomparsa. Questo contrasto creò squilibri che furono attribuiti al funzionamento di un capitalismo senza regole, e quindi giustificarono ulteriori dosi di interventismo statale (neo-mercantilismo).

Che lo stato non fosse la soluzione risulta molto chiaro dal fatto che, durante i successivi 20 anni di controllo bancario da parte della banca centrale americana, i fallimenti salirono alla cifra sbalorditiva di 15.502

(una crescita di nove volte). E questo fatto portò ad un ampliamento dei poteri della banca centrale e ad un più vasto intervento statale, noto sotto il nome di 'New Deal'. Meno funzionava la medicina statale, più se ne prescriveva.

Possiamo segnare il grande crollo del '29 e il successivo New Deal come gli atti finali del superamento del capitalismo e dell'ascesa dello statismo a una posizione di dominio a livello mondiale.

23

DAL CAPITALISMO/SOCIALISMO ALLO STATISMO

La prima guerra mondiale e i successivi malesseri ed eccessi, fino al grande crollo del '29, furono i fenomeni visibili di una crisi gigantesca che gettò capitalismo e socialismo, o meglio quello che ne era rimasto, in una condizione di spossatezza totale, da cui non sarebbero più usciti vivi, né in Europa né altrove.

Non occorre dire che, come taluni elementi di feudalesimo sopravvissero in mezzo allo sviluppo del capitalismo, così elementi di capitalismo e di socialismo (entrambi in una forma degenerata o mutilata) sopravvivono nel periodo di dominio dello statismo, ma in una posizione di totale subordinazione.

La fine del capitalismo e del socialismo è marcata da tre perdite :

- *la scomparsa del liberalismo* : la libertà si contrae a vantaggio dell'assistenzialismo e del protezionismo (sottomissione, controlli, restrizioni);
- *la scomparsa dell'individualismo* : gli individui cedono il passo alle masse, ai partiti e agli apparati burocratici;
- *la scomparsa del razionalismo economico* : il calcolo economico è sostituito da considerazioni di potere, di prestigio e di clientelismo.

Accanto a queste perdite deplorevoli, la sola cosa che sopravvisse fu una potente macchina di produzione e una schiera disciplinata di lavoratori industriali, prodotti del capitalismo e del socialismo, ed ora al servizio e a disposizione dello stato per la estrazione di risorse e per la produzione di strumenti bellici.

A dire la verità, qualcosa d'altro sopravvisse : le voci 'capitalismo', 'socialismo', 'liberalismo' vennero conservate, a designare quelli che erano oramai diventati gusci vuoti, pronti ad essere riempiti e utilizzati nella lotta politica per l'uso e la convenienza dei mascalzoni dello statismo. Su ciò va fatta estrema chiarezza. Come il termine 'capitalismo' in uso durante il XX secolo non ha nulla a che vedere con il fenomeno storico della libera impresa che si sviluppò soprattutto durante il secolo XIX, così i vocaboli 'socialismo' o 'liberalismo' in uso durante il XX secolo hanno subito una totale trasformazione di significato, rispetto al secolo precedente, da non essere più utilizzabili in maniera storicamente sensata come termini validi per la conoscenza della realtà attuale.

E così, dalla scomparsa del capitalismo e del socialismo e dall'incrocio incestuoso dei resti degenerati del cosiddetto capitalismo e socialismo, venne al mondo lo statismo.

24

STATISMO : ORIGINE E TIPOLOGIA

Lo stato è il potere costituito per la preservazione e perpetuazione degli strati parassitari e statismo è il termine generale che si applica a tutte le ideologie e realtà che mirano ad espandere e consolidare il potere dello stato.

L'origine dello statismo può essere fatta risalire alla prima guerra mondiale e all'incredibile espansione del ruolo dello stato che ne risultò. Le guerre, come affermato da Randolph Bourne, sono la salvezza e il benessere dello stato. Esse portano, quasi inevitabilmente, ad una situazione in cui le persone sono pronte a sacrificare la libertà in cambio della sicurezza e di solito si affidano, per vedersi garantito un minimo di sicurezza, proprio a coloro che, più di tutti, l'hanno compromessa (lo stato e soprattutto l'apparato militare dello stato). E lo stato, di solito, pretende per il ristabilimento della sicurezza, che le persone tacciano e obbediscano e combattano e si facciano ammazzare in guerra.

La storia ha molte volte mostrato, a partire da quel colpo di pistola a Sarajevo all'inizio del XX secolo fino ai molti colpi sparati a Sarajevo verso la fine dello stesso secolo, che il silenzio e l'obbedienza richiesti o imposti dallo stato hanno prodotto solo abominevoli tragedie in cui la sicurezza e la libertà non solo non sono state assicurate ma non sono neanche sopravvissute.

Il binomio "legge e ordine" che è il segno distintivo dello stato e la giustificazione vera della sua esistenza, è diventato sinonimo di oppressione e di disordine. In effetti, la proliferazione di leggi da parte dello stato per cercare di tenere ognuno e ogni cosa sotto il suo controllo, ha prodotto un fenomeno di 'disnomia', vale a dire, leggi che provocano disordine materiale e morale.

Il termine statismo si applica ad un sistema di potere caratterizzato dal controllo e dominio (assoluto o relativo) da parte dello stato nei confronti di ogni realtà e attività, con la soppressione o sottomissione di ogni corpo intermedio o antagonista. Chiaramente non vi è nessuna entità fisica chiamata 'stato' ma burocrati di ogni tipo nei vari settori (politico, amministrativo, giudiziario, militare, finanziario, ecc.) che lavorano in pieno accordo per l'alimentazione degli strati parassitari di cui essi sono il nucleo centrale.

La vecchia terminologia è rimasta alla superficie (ad esempio, società capitalistica, lotta per il socialismo) come una cortina fumogena, un diversivo utile per i burocrati e da usare in momenti di difficoltà.

Lo statismo si è manifestato sotto tre principali forme e denominazioni:

- socialismo / comunismo
- fascismo / nazismo
- dirigismo / assistenzialismo.

Come già più volte ripetuto e rimarcato, le parole non dovrebbero trarre in inganno. Il 'socialismo' di cui si tratta non ha nulla a che vedere con le idee elaborate e sostenute con le lotte, soprattutto durante la prima metà del XIX secolo. Il 'socialismo' di stato a cui si fa riferimento, mostra molti lati in comune e molte somiglianze con il fascismo e il nazismo (vale a dire il nazional socialismo) e in effetti parecchi individui (Mussolini, Laval, Quisling, tra gli altri) sono passati da un movimento all'altro come tornava più proficuo per le loro ambizioni di potere . Ed anche il termine assistenzialismo (welfare) sotto l'egida dello stato non ha nulla a che fare con il benessere fisico e mentale di individui e comunità.

25

SOCIALISMO/COMUNISMO

Il primo chiaro esempio di statismo si manifestò nel più arretrato e assolutista stato d'Europa : la Russia.

La Russia, all'inizio del XX secolo, era ancora una società feudale che non aveva quasi nulla di capitalismo e assolutamente nulla di liberalismo.

Allo stesso modo in cui, in Inghilterra, l'esistenza di condizioni di libertà aveva creato i pre-requisiti per la nascita della rivoluzione industriale, così in Russia, la mancanza di libertà e l'esistenza di una vasta burocrazia sotto un despota assoluto, rappresentarono le condizioni ideali per la crescita dello statismo.

L'avere definito la rivoluzione d'ottobre come una rivoluzione socialista è stato il frutto o di un auto inganno o di una mistificazione della realtà. Nulla, dal punto di vista teorico o pratico, concorreva a sostenere questa credenza, al di fuori di una fraseologia socialista. Troppo poco, per non dire altro.

In effetti, la rivoluzione d'ottobre ha segnato solo il passaggio dal feudalesimo al mercantilismo sotto una nuova dirigenza politica.

Quasi fin dall'inizio, questa rivoluzione ha favorito e imposto gli stessi principi mercantilisti che saranno poi in vigore negli anni a venire :

- *interventismo* : lo stato promuove e controlla totalmente l'industria e il commercio;
- *fiscalismo* : lo stato mira ad estrarre il massimo di risorse attraverso la tassazione, fino alla espropriazione totale ed eliminazione fisica (come nel caso dei kulachi);
- *egemonismo* : lo stato si batte per una politica espansionista e per l'imposizione di termini di scambio diseguali (ad esempio nei rapporti con le altre nazioni o con i cosiddetti 'paesi fratelli', vale a dire paesi satelliti o subordinati).

Fu questo mercantilismo che fu salutato e celebrato come socialismo da intellettuali infatuati o ingannatori e accettato come tale da seguaci ingenui o speranzosi. Successivamente, il tentativo da parte dello stato russo di modernizzare l'economia attraverso piani di meccanizzazione e di elettrificazione diretti dall'alto, vale a dire il tentativo di sviluppare pienamente lo statismo, fu presentato come la transizione al comunismo. Attraverso una propaganda massiccia, questo divenne l'esempio da seguire per un numero crescente di lavoratori e intellettuali, entrambi attratti e catturati dalla sicurezza e protezione che lo stato offriva a larghe masse, sebbene in cambio di una totale sottomissione.

L'esperienza russa, mentre forniva una prova ulteriore della morte del socialismo, avrebbe insegnato parecchio a molti capi e dittatori del futuro (soprattutto in paesi arretrati) riguardo alla via verso lo statismo.

26

FASCISMO/NAZISMO

Così come la guerra portò al cosiddetto socialismo in Russia, ugualmente la guerra portò il fascismo e il nazional-socialismo in Italia e in Germania.

L'Italia aveva una economia contrassegnata da alcune zone capitalistiche, soprattutto al Nord, mentre, altrove, operava ancora un feudalesimo modernizzato.

Il fascismo trovò suolo fertile nel risentimento di coloro che, dopo la tragedia della guerra, non riuscirono a trovare nessuna collocazione soddisfacente all'interno delle basi di potere esistenti (la burocrazia statale e la burocrazia socialista).

Tutto era già stato accaparrato. Non vi erano più posti disponibili. Un rimedio fu trovato attraverso la formazione di un nuovo movimento : il fascismo e i fasci di combattimento.

Per arrivare al potere e imporre la loro dittatura, i capi fascisti erano disposti a promettere tutto a tutti e così essi fecero in varie occasioni, come nel manifesto di San Sepolcro (1919) : soppressione della monarchia, suffragio universale, lotta contro l'imperialismo, distribuzione delle terre ai contadini, controllo operaio, e così via. Promesse che non valevano neanche il foglio di carta su cui erano scritte. Una volta che il fascismo giunse al potere, quello che rimase, al di là delle parole vuote, fu la burocratizzazione, la militarizzazione (cosiddetta 'fascistizzazione') e, per finire, la disintegrazione di una intera società.

La Germania aveva imprese capitalistiche molto avanzate ma, al tempo stesso, l'interferenza statale nell'economia, a partire dalla fine del XIX secolo, aveva dato un forte impulso ai cartelli (monopoli e oligopoli) e alle banche controllate dallo stato.

Si trattava quindi di un equilibrio economico e sociale molto ambiguo, che si frantumò allorché, in un periodo di crisi (la recessione all'inizio degli anni '30), i tedeschi affidarono la loro libertà allo stato e consegnarono lo stato ai nazisti confidando di ottenere da essi sicurezza e protezione.

Il nazismo era il movimento che, più di ogni altro, pareva capace di fornire una risposta alle ansietà del popolo, dal punto di vista culturale e materiale. Una propaganda sapientemente orchestrata, impressionanti raduni di massa, grandiose manifestazioni di potere, tutto ciò contribuì al successo del nazismo. Successivamente, una volta al potere, una serie di lavori pubblici promossi dallo stato (ad esempio, le *Autobahnen*) e altri giganteschi investimenti statali miranti a dare occupazione, furono il segno di un nuovo pensiero economico e amministrativo da cui gli intellettuali del 'New Deal' statunitense presero ispirazione e su cui Keynes basò le sue ricette di interventi finanziari statali.

Il nazismo è stata l'espressione più chiara, più avanzata e anche la più orrenda dello statismo in tutti i settori della vita, culturale, politica, economica. Come esperimento sociale gareggiò con il comunismo russo. In effetti, Hitler e Stalin possono essere considerati come i capi di due bande criminali, simili in ogni aspetto, che dapprima si dividono il bottino (ad esempio attraverso il patto Molotov - von Ribbentrop e la spartizione della Polonia) ma che sono alla fine destinati a combattersi per l'esclusivo controllo del territorio.

Il fascismo e il nazismo, entrambi movimenti anti-capitalistici (anti-plutocratici nella loro terminologia) furono quelli che meglio seppero rappresentare l'assolutismo e l'imperialismo propri dello statismo nella sua forma criminale più estrema.

27

DIRIGISMO/ASSISTENZIALISMO

Mentre il socialismo / comunismo (sinistra) e il fascismo / nazismo (destra) dominarono animi e menti nella prima metà del XX secolo, il dirigismo e l'assistenzialismo statale (centro) divennero, nei paesi più avanzati, i capisaldi ideologici dello statismo a partire dalla seconda metà del secolo.

Inutile dire che sinistra, destra, centro, sono concetti ideologici, vale a dire armi della lotta politica, privi di ogni valore cognitivo (scientifico) nella misura in cui essi servono a coprire politiche non solo similari ma, in parecchi casi, identiche.

Negli Stati Uniti, il grande crollo (provocato dalla banca centrale con una politica di facile credito seguita da una di eccessiva restrizione del credito), e la depressione che ne seguì (sostenuta dal governo federale con una politica di alte tariffe che soffocò il commercio mondiale), gettarono larghe masse di persone in una situazione disperata.

Tutte le condizioni erano presenti per l'apparizione di una figura paterna: Franklin Delano Roosevelt. Le sue proposte, battezzate con l'espressione di 'New Deal', di poco precedute da simili provvedimenti di controllo e intervento statale da parte del governo nazional socialista in Germania, avrebbero collocato lo stato federale alla guida di parecchi settori della vita sociale.

Quello che il New Deal fece in termini psicologici per aiutare la gente a riguadagnare fiducia fu degno di nota, ma i risultati pratici nella lotta contro la disoccupazione furono del tutto trascurabili. Nel 1933 vi erano 12 milioni di disoccupati; nel 1938, 5 anni dopo l'inizio del New Deal ed enormi spese da parte dello stato federale, i disoccupati ammontavano ancora a 10 milioni. A quel punto però, con lo scoppio della seconda guerra mondiale, la disoccupazione sarebbe stata assorbita attraverso l'arruolamento militare e la massiccia produzione di armi e Roosevelt sarebbe emerso trionfalmente sulla scena interna e su quella internazionale. La guerra raggiunse l'obiettivo che era sfuggito allo stato, confermando ancora una volta la tesi che la guerra è, davvero, la salvezza dello stato.

In Inghilterra la guerra ebbe lo stesso effetto di estendere notevolmente il potere dello stato di regolamentare la vita dei cittadini. Ad un certo punto, fu più che naturale che qualcuno iniziasse a prendere in considerazione l'idea che lo stato potesse avere cura di ognuno e di ogni cosa anche dopo la guerra.

Lo stato assistenziale nacque così da una serie di buone intenzioni portate avanti da persone rispettabili e di buon cuore.

Il risultato è che dirigismo e assistenzialismo statale hanno portato lo stato ad assumere il controllo della società nel suo complesso e a dominare la vita degli individui. Sempre più lo stato ha occupato il ruolo che svolgeva un tempo la chiesa nel medioevo, perfezionandolo a tal punto da diventare ancora più avido (tasse), ancora più invadente (polizia segreta, comitato per le attività anti-americane, etc.), ancora più paternalista (previdenza sociale) della vecchia chiesa, e per di più, con l'iscrizione obbligatoria dalla culla alla bara.

28

LO STATISMO COME SISTEMA MONDIALE

XX SECOLO

Durante il XX secolo lo statismo è emerso e si è affermato dappertutto nel mondo, anche in paesi arretrati, talvolta più come mercantilismo che come statismo nel senso pieno del termine.

Tutte queste esperienze di statismo sono state caratterizzate, almeno inizialmente, da alcuni aspetti comuni quali:

- l'emergenza di una figura paterna, un salvatore;

- una posizione anticapitalistica che è stata, in realtà, un attacco contro l'individuo e la libertà.

A parte i casi più noti di statismo rappresentati da figure come Mussolini (lo stato corporativo), Hitler (lo stato del popolo ariano), Stalin (lo stato proletario), Roosevelt (lo stato interventista), Beveridge (lo stato assistenziale), molte altre figure storiche ed esperienze di statismo hanno fatto la loro comparsa nel mondo.

In Francia, dove lo stato ha generalmente giocato un ruolo di primo piano, il gollismo e la V repubblica riaffermarono e rafforzarono il dominio dello stato in un periodo di transizione disordinata a seguito della decolonizzazione.

In Spagna e in Portogallo, il franchismo e il salazarismo rappresentarono una fase pre-capitalistica dello statismo, ancora intriso di colonialismo e di feudalesimo.

In Argentina, un paese estremamente ricco dopo la seconda guerra mondiale, il peronismo costruì e consolidò il suo statismo associando vasti settori della popolazione nella distribuzione (e conseguente dissesto) di tutte le risorse disponibili.

In Cina, il maoismo divenne la nuova religione ufficiale e Mao il sacerdote supremo di uno stato dispotico e imperialista. Fu lui a promuovere la politica del "grande balzo in avanti" che causò circa 30 milioni di morti per fame, e fu ancora lui che lanciò la rovinosa lotta per il potere, ingannevolmente chiamata "rivoluzione culturale".

In Africa, lo stato e la sua burocrazia sono stati il lascito avvelenato delle potenze europee, il vero fardello delle genti del luogo. In effetti, non è ciò che è stato portato via, cioè le risorse naturali di cui l'Africa è ricchissima, ma ciò che è stato lasciato, vale a dire i prodromi dello statismo, ciò che ha costituito le vere catene sulla strada della emancipazione sociale e dello sviluppo economico. Lo statismo africano è stato, in alcuni casi, il risultato della commistione del nazionalismo con il marxismo; questo ha permesso all'élite dirigente di celare sotto la vernice di una fraseologia rivoluzionaria quello che si è rivelato, in genere, l'esproprio della libertà e delle risorse del paese da parte dei nuovi padroni dello stato e dei loro servitori (la burocrazia, la polizia, l'esercito).

In tutti questi casi lo stato non può essere considerato né il 'comitato d'affari della borghesia' né il 'santo patrono' del proletariato, ma una organizzazione burocratica, spesso criminale, che ha succhiato ricchezza dai ceti produttivi e l'ha indirizzata verso gli strati parassitari (cricche e sicofanti).

E lo statismo è il periodo storico di dominio esteso e profondo di questa entità chiamata stato, nei confronti e al di sopra di qualsiasi altra organizzazione sociale ed economica.

29

STATISMO : I PILASTRI DI BASE

GUERRAFONDISMO-ASSISTENZIALISMO

Lo statismo, come è emerso dopo la seconda guerra mondiale, è basato su due pilastri principali:

- *Guerrafondismo* (militarismo e autoritarismo): l'esercito e la polizia

Stato e stato di guerra sono due facce della stessa medaglia. Uno stato che non si stia preparandosi per la guerra, in maniera continuativa, o che non sia impegnato in operazioni di guerra ad intervalli regolari, non ha alcuna ragione di esistere. Le funzioni di regolazione sociale possono infatti essere svolte da altre organizzazioni (sovranazionali e locali) più adatte allo scopo. In assenza di una guerra guerreggiata, nemici possono essere creati e paure possono essere fabbricate ad arte. La guerra fredda è stata, ad esempio, una invenzione geniale degli ideologi dello statismo di entrambe le parti. Con ciò non si vuol negare il fatto che atteggiamenti aggressivi e comportamenti imperialistici fossero pratica corrente nel periodo post-bellico; essi però non erano il risultato del comunismo o del capitalismo, fenomeni già da tempo scomparsi e che sopravvivevano solo come termini carichi di fattori emotivi, ma la diretta conseguenza dello statismo. Altrimenti non sarebbero spiegabili dissensi, talvolta aspri, all'interno dello stesso campo ideologico quali lo scontro tra Cina e Unione Sovietica o la rivalità tra Francia e Stati Uniti.

In realtà, la propaganda sulla minaccia comunista o capitalista, mentre rendeva le persone insicure e sottomesse, consentiva ai governanti statali di imbarcarsi, in ogni paese, nel più vasto programma di armamenti e di produzione di materiale bellico mai visto sulla faccia della terra.

Due ragioni concorrevano a questo dispiegamento e ostentazione di forza militare e di strumenti di guerra:

- accrescere e rinsaldare (con o senza l'uso della forza) la sottomissione alla propria parte, all'interno e all'esterno;

- assicurare posti di lavoro a larghe masse di popolazione.

Quest'ultimo aspetto ci conduce al secondo pilastro dello statismo.

- *Assistenzialismo* (paternalismo e parassitismo): i burocrati e la sottoclasse

L'innalzamento della produttività attraverso l'introduzione di mezzi e modi di produzione sempre più efficienti ha condotto ad un aumento della produzione. Lo stato è diventato, su scala gigantesca, il controllore e il distributore di questa produzione massiccia. E qui sta l'astuzia dello statismo. Con l'introduzione dell'assistenzialismo statale esso ha dato vita ad una versione riveduta e aggiornata dell'antica provvista di "panem et circenses" alle plebi romane. Lo scopo è sempre lo stesso, vale a dire manipolare le masse per accattivarsi il loro favore.

L'assistenzialismo statale è diventato la strada verso il consumismo di massa, l'uso e l'abuso consumistico di beni fino al punto in cui i sensi diventano ottusi e la mente cessa di funzionare. Il proletariato è stato sostituito dal 'consumariato', una folla immane di persone drogate dal consumismo, pronta a seguire ogni moda, il cui scopo nella vita è di ingurgitare qualsiasi cosa, in qualsiasi momento e in qualsiasi luogo, e sulla cui bandiera sta scritto "più si ha, più si è". Il sentimento originario di compassione che era alla base dell'assistenza, ha portato alla corruzione attraverso il consumo.

Il parassitismo assistenziale e i livelli sempre più elevati raggiunti dal consumo hanno agito anche come freno alla riduzione della giornata lavorativa, in quanto una produzione crescente, in gran parte superflua, ricade sulle spalle di un numero relativamente ristretto di persone realmente produttive mentre si potrebbero sviluppare solo attività utili e apportatrici di vero benessere e ripartite tra tutti.

I due gruppi associati / antagonisti di imprenditori e lavoratori che incarnavano un tempo la dinamica del capitalismo, sono stati sostituiti da due gruppi che si sostengono e si alimentano a vicenda: il distributore e il percettore di assistenzialismo statale. Un aumento nel numero dei percettori (assistiti) richiede un aumento nel numero dei distributori (assistenti sociali). Per cui è una vera manna per entrambi, fino a che dura.

L'assistenzialismo è davvero l'imbroglio più disonesto e spregevole dello statismo, che conduce direttamente al malessere e ai guasti di una umanità disastrata.

Dalla culla alla bara o, meglio, da una pristina innocenza a una morte morale : che opera diabolica di castrazione e di corruzione compiuta in nome dell'aiuto e della compassione!

30

STATISMO : IL SISTEMA CULTURALE

Lo statismo non è stato un trucco cattivo perpetrato da una esigua minoranza di persone malvage a danno della grande maggioranza di persone oneste e rispettabili. Niente affatto.

Lo statismo è stato il risultato (quasi) inevitabile di un lungo processo storico di trasformazioni tumultuose messe in moto dall'industrializzazione, alla fine del quale, voglia di potere e soppressione di ansie, bisogno di divinità terrestri e ricerca di sicurezza, sono emersi e si sono mescolati ad una serie di altri fenomeni ed hanno dato vita al Leviatano.

Il comune essere umano del XX secolo, al pari di quello che emerse dalla dissoluzione dell'impero romano, è stato posseduto da una terribile angoscia, quella di essere solo e senza difesa. In passato, la Chiesa aveva incarnato la figura materna e paterna nel cui abbraccio l'anima poteva trovare sollievo nei momenti di paura, fino a quando non apparve un nuovo periodo di splendore (ad esempio, il Rinascimento) e nuovi, più avventurosi individui comparvero sulla scena (ad esempio, i mercanti)

Nei tempi moderni, il capitalismo, da un lato propugnando libertà e individualità, e dall'altra trasformando gli esseri umani in macchine, ebbe l'effetto di far piombare larghe masse in uno stato di totale impotenza. Ecco perché i lavoratori dell'industria hanno avvertito un bisogno così forte di riunirsi in sindacati e partiti.

Persino molti imprenditori capitalisti, sentendosi minacciati non solo dai movimenti dei lavoratori ma anche dalla continua rivoluzione dei mezzi e modi di produzione, si sono uniti in associazioni ed hanno esercitato pressioni per la salvaguardia dei loro interessi, finanziando fazioni e coalizioni.

Tutti questi organismi collettivi offrivano protezione, assistenza, identità, sotto la guida di capi risoluti.

Quasi inevitabilmente essi presero a modello da copiare il potere organizzato (lo stato) e, sotto il controllo di personalità ambiziose, divennero interessate più ad impadronirsi di una fetta del potere che a limitarne o cancellarne la sua natura dispotica.

La lunga marcia di avvicinamento al potere trovò compimento nel XX secolo quando, persino quelle organizzazioni che erano state fieramente antagoniste al potere dello stato 'borghese' (ad esempio, i partiti socialisti) divennero esse stesse stato. Questo fatto fu reso possibile in quanto le persone comuni :

- barattarono la libertà con la sicurezza;

- abdicarono alla responsabilità attraverso la delega;

- annegarono individualità e senso di solitudine nel gruppo gregario e nel desiderio di appartenenza ad una entità superiore, fosse essa lo stato o il partito.

Per quanto riguarda lo stato, il suo ruolo paternalistico e protettore durante il XX secolo risultò più evidente nella sfera economica e fu reso possibile dalla potente macchina produttiva messa in moto a suo tempo dal capitalismo.

31

STATISMO : IL SISTEMA ECONOMICO

L'economia dello statismo si basa su tre pilastri principali.

- *Occupazione*. La sopravvivenza dello statismo e la sua ragione d'essere consistono nel procurare impiego alla gente comune. Mentre il capitalismo poneva l'accento sul lavoro produttivo e apportatore di profitto, lo statismo mette al centro l'occupazione, senza riguardo alla sua utilità o alla significatività sociale di quello che si è addetti a fare. L'essere occupati è importante di per sé, anche se il lavoro consiste nello scavare e riempire buche. Il bisogno di assicurare occupazione è al centro della crescita della burocrazia e di molti compiti di intermediazione e di regolazione sociale (avvocati, contabili, consulenti, ecc.). Durante il XX secolo, l'ascesa dello statismo è stata continua e irresistibile soprattutto perché sempre più persone ricevevano i mezzi per vivere dallo stato (la burocrazia, l'esercito, la polizia), attraverso lo stato (i notai, gli avvocati, i commercialisti, ecc.) o per operare a vantaggio dello stato (gli impiegati del fisco). Lo stato li nutriva ed essi erano dipendenti dallo stato. Senza lo stato non vi sarebbe stata per essi alcuna occupazione, alcuna sicurezza, alcun futuro, niente. Così almeno molti credevano.

Parecchie di queste occupazioni e l'alto numero dei loro occupanti non erano affatto un bisogno fisiologico per il funzionamento di una società avanzata, ma una necessità del controllo statale (il bastone) e del paternalismo assistenzialistico (la carota).

- *Consumismo.* La disponibilità di risorse e di beni prodotti in quantità incredibili ha reso possibile una orgia di consumismo. Mentre il capitalismo fu segnato dal dominio della produzione crescente, lo statismo si caratterizza per il dominio del consumo eccessivo. Per lo stato, il consumismo è il modo di raggiungere contemporaneamente due obiettivi : da una parte produrre un senso di ottusa contentezza nella massa dei consumatori; dall'altra, attraverso la tassazione indiretta, apportare silenziosamente risorse alle casse dello stato per alimentare, attraverso l'assistenzialismo statale, un ulteriore ciclo allargato di consumismo.

- *Tasse e Debiti.* Per pagare l'occupazione parassitaria dei burocrati, la disoccupazione parassitaria degli assistiti e il consumo gigantesco degli strati parassitari, vi è bisogno di un vasto ammontare di entrate. Lo stato ha risolto il problema in tre modi :

> - stampando banconote : questo ha causato inflazione e non è un caso che il periodo dello statismo è stato, storicamente, strettamente associato a pressioni inflazionistiche costanti;
>
> - prendendo in prestito denaro : questo ha prodotto un accumulo enorme di debiti (all'interno e verso l'esterno) che sono il lascito economico più cospicuo dello statismo alle generazioni future;
>
> - estorcendo risorse : questo è avvenuto attraverso una tassazione impietosa che ha bloccato se non scoraggiato gli investimenti e ha frenato lo sviluppo sociale ed economico. Lo stato non è affatto interessato nella produzione di beni utili e durevoli ma nella tassazione di prodotti inutili ed effimeri.

Con lo statismo, due aspetti sono divenuti di primaria importanza :

> - l'assegnare un prezzo ad ogni scambio : lo stato è interessato al prezzo di ogni cosa più che al loro valore, per la semplice ragione che, per motivi fiscali, il prezzo è tutto e il valore è nulla.

- l'esercitare un controllo su ogni scambio : lo stato attribuisce un tale peso al controllo di ogni transazione (ad esempio, controllare l'assunzione di lavoratori, la vendita di beni) che qualsiasi scambio che non abbia la supervisione dello stato viene criminalizzato e qualificato con l'aggettivo spregiativo di nero (lavoro nero, mercato nero).

L'economia dello statismo si basa, infatti, totalmente sull'assegnare un prezzo ed esercitare un controllo al fine di drenare risorse dai produttori e canalizzarle verso gli strati e le occupazioni parassitarie sotto l'egida dello stato.

32

STATISMO : IL SISTEMA POLITICO

Il sistema politico dello statismo si basa su una serie di gruppi organizzati (partiti, centri di pressione, comitati elettorali, mafie. ecc.) il cui scopo è quello di ottenere il potere o di mettere in posizioni di potere persone compiacenti.

Il fine capitalistico del profitto attraverso la produzione di beni è stato sostituito, sotto lo statismo, dalla ricerca del potere e del prestigio attraverso la manipolazione e il clientelismo.

Nei paesi in cui è stato introdotto il suffragio universale, ognuno, in teoria, può essere eletto o può aiutare ad eleggere qualcuno ai più alti vertici del potere. Questo rappresenta il richiamo forte dello statismo nella versione democratica rappresentativa.

Sia nello statismo democratico che in quello autocratico, come in ogni sistema di potere delegato o usurpato, l'obiettivo principale, una volta raggiunto il vertice, è di rimanervi il più a lungo possibile usando, verso le masse, un misto di benevolenza e brutalità, carità e crudeltà, tenerezza e terrore, in dosi misurate e appropriate.

Per mantenersi al potere qualsiasi accorgimento è accettabile. I principali sono :

- *Falsificazione-mistificazione della realtà.* La principale (inevitabile) mistificazione è quella di far passare interessi di parte come interessi generali e di discreditare gli avversari politici (qualora essi non vengano addirittura eliminati fisicamente o ridotti praticamente al silenzio) con ogni sorta di argomenti capziosi o di menzogne costruite. Diffamazioni plausibili prendono il posto di fatti reali. Per dirla in breve, quella che è la pratica corrente della vita politica non sarebbe ammissibile in nessuna attività produttiva continua in cui la fiducia reciproca e la cooperazione sono requisiti essenziali e basilari.

- *Corruzione-manipolazione delle persone.* La mistificazione degli interessi di parte fatti passare come interessi generali è attuata principalmente corrompendo larghe sezioni dell'elettorato attraverso una conveniente allocazione delle risorse accaparrate dallo stato. Questa compera del consenso avviene attraverso :

> - l'assunzione di un esercito di servitori statali. Lo statismo moderno ha messo in soffitta la pratica dell'ancien régime di limitare a pochi privilegiati per nascita l'esercizio delle cariche statali. Ha spalancato le porte e ha creato un vasto esercito di burocrati provenienti da ogni strato sociale.
>
> - il mantenimento di un largo numero di persone dipendenti dalla beneficenza statale che sempre più si affidano al 'Grande Fratello' stato. Questa dissipazione di denaro pubblico ha permesso di attrarre dalla parte dello statismo anche settori della produzione che trovano così, nelle schiere di assistiti, un mercato di massa, artificialmente creato, per lo smercio dei loro prodotti.

In breve, la mano politica dello statismo sorregge la mano economica ed entrambe, utilizzando ad arte parole come 'compassione', 'occupazione', 'redistribuzione', giocano la carta dell'impegno morale vestendo la maschera del provvido e benevolo genitore.

33

STATISMO : ASPETTI POSITIVI

Il fatto che lo statismo sia durato parecchi decenni significa che, in molte situazioni e per parecchi aspetti, ha rappresentato una risposta storicamente necessaria ai bisogni della gente.

Occorre anche riconoscere che, nelle fasi iniziali, quando non era ancora diventato un potere monopolistico, lo stato, attraverso organi centrali quali il parlamento, ha introdotto norme altamente progressive e degne di nota come la limitazione della giornata lavorativa o la protezione dei bambini.

Inoltre, non tutte le somme allocate dallo stato sono state indirizzate verso impieghi parassitari; in alcuni casi esse hanno contribuito al miglioramento di una vasta regione come nel caso della valle del Tennessee (USA) o hanno creato condizioni favorevoli allo sviluppo economico, come nell'esperienza di Singapore.

In altri casi, lo stato, o meglio, individui onesti e saggi all'interno dello stato, hanno adottato provvedimenti che hanno conferito una certa dignità agli esclusi e hanno innalzato le condizioni di vita della gente comune.

Persino l'omogeneizzazione, quando ha prodotto l'introduzione di più elevati standard di comportamento o la soppressione di costumi locali crudeli, va posta come un aspetto positivo dello stato.

In parecchi casi il cambiamento si sarebbe comunque prodotto, nel corso del tempo, attraverso un processo di imitazione, ma ciò non vuol dire che si debba far passare sotto silenzio il ruolo positivo di acceleratore giocato, in certe situazioni, dallo stato.

Al tempo stesso, occorre riconoscere che, a mano a mano che lo stato ha accumulato potere ed è diventato un agente monopolizzatore, gli aspetti negativi sono cresciuti in maniera esponenziale; essi hanno ora raggiunto un punto tale da fornire argomenti sufficienti per sostenere la necessità dell'estinzione dello stato come pre-requisito per lo sviluppo futuro degli esseri umani e delle comunità.

34

STATISMO: ASPETTI NEGATIVI

Mentre le persone favorevoli allo statismo potrebbero elencare altri aspetti positivi, nessuna lista completa di tali aspetti potrebbe uguagliare l'elenco di profonde desolazioni e il numero di tragedie di cui lo statismo è responsabile, superiore in orrore e depravazione a quello di qualsiasi altra organizzazione o fenomeno nel corso della storia umana. Solo un pallido eufemismo può descriverli come gli aspetti negativi dello statismo. Essi vengono qui classificati sotto tre voci :

- *Assoggettamento*

Lo statismo ha reso le persone dipendenti da un potere impersonale, una coscienza collettiva sovrastante, a cui la coscienza morale dell'individuo ha abdicato. Ha ristretto la libertà di movimento da un luogo all'altro della terra senza il permesso e il controllo dello stato (passaporti, visti, permessi speciali, ecc.). Ha creato una sotto-classe di marionette senza vita, che sono in attesa di un assegno dell'assistenza statale in modo da annegare la futilità delle loro vite comperando oggetti inutili o superflui che li facciano sentire vivi mentre sono già morti, nel corpo e nell'anima.

L'assoggettamento degli individui è stato un puntello essenziale dello statismo, che ha annientato lo sviluppo delle persone e delle comunità.

Come dato di fatto, sviluppo e statismo sono termini incompatibili nella misura in cui lo sviluppo è un processo interno di rafforzamento e di autonomia, mentre lo statismo è una situazione di controllo dall'alto e di asservimento.

- *Disperazione*

Lo statismo è responsabile di innumerevoli fenomeni di odio che vanno sotto il nome di razzismo, antisemitismo, sciovinismo, nazionalismo, etnocentrismo, in cui un gruppo, diventato stato, ha creato per altri gruppi una condizione di indicibile profonda disperazione. La deportazione e distruzione di comunità etniche (i Pellerossa, gli Armeni, gli Ebrei, i Curdi, i Tibetani, i Tutsi, i Palestinesi, e molti altri) è stato uno dei prodotti più rivoltanti e obbrobriosi del dominio dello statismo.

Oltre a ciò, vi è stato il lavaggio mentale dei cosiddetti dissidenti, la distruzione fisica di individui, vale a dire di qualsiasi persona che non fosse in accordo con o in soggezione al potere statale. La Ceka, il KGB, le SS, l'OVRA, i carabinieri, la prefettura, il comitato per le attività anti-americane, la polizia, l'esercito, e anche il piccolo burocrate, tutti costoro hanno avuto il potere, in periodi, modi e gradi diversi, di rendere la vita degli individui e delle comunità libere, semplicemente miserabile o totalmente insopportabile.

- *Morte*

Lo statismo è stato ossessionato dal bisogno di creare un arsenale di distruzione che ha raggiunto il suo apice con la bomba atomica. Sotto lo statismo siamo stati tutti, parecchie volte, testimoni della sistematica distruzione fisica e della morte spirituale. Le atrocità commesse dallo stato durante il XX secolo sono senza confronto per dimensioni e possono essere paragonate per brutalità, ma non per durata, a quelle commesse dalle personalità più squilibrate e depravate.

Persino l'inquisizione spagnola, la più obbrobriosa manifestazione di potere della chiesa cattolica che produsse la morte di 3000-5000 persone nel corso di 350 anni (1478-1834), non regge minimamente il confronto con i 6 milioni di Ebrei sterminati dallo statismo nazista, i 10 milioni liquidati dalla statismo stalinista, i 30 milioni ridotti alla fame dallo statismo maoista, e questi sono solo un campione ridotto della furia omicida dello stato. Infatti, durante il periodo storico di dominio dello statismo, all'incirca dal 1870 (guerra franco-prussiana, distruzione delle mura di Porta Pia e invasione del regno pontificio da parte dello stato italiano) al 1989 (caduta del muro di Berlino e dissoluzione dello statismo comunista), le morti causate dallo stato attraverso gli innumerevoli disastri, piccoli e grandi, che esso ha provocato (guerre, deportazioni, carestie, ecc.) superano la cifra di 100 milioni, una media di circa 1 milione di individui sacrificati ogni anno da e per il Leviatano.

Guardando in retrospettiva al XX secolo, l'orrore dello statismo è ancora presente per coloro che vogliono osservare o ricordare : le camere a gas, i campi di concentramento, la pulizia etnica, i massacri di massa, la fine della libertà, l'annullamento della dignità umana, le comunità distrutte e smembrate, i figli che denunciano i genitori, gli amici che tradiscono gli amici.

Sotto il giogo dello statismo troppe persone hanno vissuto nella paura e nel pericolo di una morte violenta, e questo accade tuttora perché troppo spesso lo stato ha reso la vita degli esseri umani e delle comunità libere, miserabile, orrenda, brutale e breve.

PARTE III

IL PRESENTE / FUTURO

35

LA CRISI DELLO STATISMO

Verso la fine del XX secolo, lo statismo è entrato in una crisi terminale da cui non sembra possa venirne fuori. Questo perché lo stato in sé stesso, la sua esistenza e sopravvivenza, sono diventati il *Problema*, vale a dire *la fonte vera della maggior parte dei problemi*. E come la soluzione di un problema consiste nel superare il problema stesso eliminandone la sorgente, così la soluzione alla crisi dello statismo consiste nell'andare al di là dello statismo attraverso la progressiva estinzione dello stato.

Troppe speranze e credenze riguardo allo stato che troppe persone coltivavano come cose care nel loro cuore sono diventate troppo care per essere mantenute più a lungo. Troppo care in termini di corruzione morale, fallimento materiale e pura idiozia politica.

Esaminiamo i principali aspetti della crisi dello statismo che si possono ripartire in tre ambiti:

- Crisi morale
- Crisi materiale
- Crisi politica.

36

LA CRISI MORALE

Il segno più evidente della crisi morale dello statismo è la sua mancanza di ogni valore di progresso. Dopo il crollo di principi falsi come il senso della patria, l'orgoglio razziale, l'eroismo militare, essi sono stati rimpiazzati da altri messaggi menzogneri condensati in parole suadenti come 'l'interesse pubblico' e il 'bene collettivo', formule convenienti per mascherare il saccheggio e la rapina delle risorse da parte di gruppi parassitari.

Nulla fornisce un esempio migliore della bancarotta morale dello stato che la sostituzione totale della moralità con la legalità. Il funzionamento della società è visto come la messa in opera di ogni sorta di regolamentazioni e restrizioni imposte dall'alto e non come il frutto del libero interagire di esseri umani dotati di moralità e di razionalità. Il risultato è che gli stati con più controlli e disposizioni di polizia sono anche quelli che presentano il maggiore disordine e malessere sociale. Come il drogato vede nella continua assunzione di droghe la soluzione ai suoi problemi e non vuole riconoscere che la presunta soluzione non è altro che un allargamento e sprofondamento ulteriore nel problema, così avviene per lo statismo quando si fa paladino di sempre maggiori regolamentazioni e restrizioni.

Un altro indicatore della crisi morale è la credenza nel potere taumaturgico del denaro. Lo statismo ritiene che il denaro possa risolvere qualsiasi problema derivante da qualsiasi situazione, in ogni tempo e in ogni luogo. Il risultato è la moltiplicazione e intensificazione di problemi morali, con la formazione e l'inserimento di potenti gruppi mafiosi e di piccoli criminali come sotto-sezioni dello stato

Sotto il dominio dello statismo sembra che non vi siano limiti alla follia giuridica (le ingiustizie della cosiddetta 'giustizia') e allo spreco del denaro (ad esempio, la sottrazione o il cattivo uso delle risorse finanziarie), soprattutto quando tutto ciò va a vantaggio di forti interessi parassitari mascherati come interesse pubblico generale. Sotto questo profilo, almeno, il capitalismo offriva una visione meno ipocrita e più sincera quando sosteneva, a torto o ragione, che l'interesse particolare avrebbe alla fine operato per il bene della collettività. Più astutamente, lo statismo, in maniera ingannevole, fa passare alcuni interessi settoriali o prettamente egoistici come interessi pubblici generali.

Ma la differenza principale tra i due è che, mentre il capitalismo è stato un periodo storico di progresso e di avanzamento produttivo, lo statismo è una fase storica caratterizzata dal parassitismo, e in nessun modo il parassitismo può mai essere nell'interesse pubblico. Inoltre, mentre il capitalismo era attento e risparmiatore nell'uso delle risorse, lo statismo è spendaccione e scialacquatore.

E questo fatto ci porta al secondo aspetto di crisi: la crisi materiale.

37

LA CRISI MATERIALE

Lo statismo ha trovato il favore delle masse perché, in periodi di profonda miseria e incertezza (guerra, lotte, carestie, disoccupazione, ecc.), molto spesso realtà prodotte o provocate dallo stato, lo stato stesso ha fornito una sicurezza falsa ed effimera o ha dato l'impressione di essere l'unica organizzazione in grado di ristabilire una situazione di sicurezza.

L'aspetto principale del dare sicurezza è consistito nella redistribuzione di risorse materiali (beni) che imprenditori, inventori e lavoratori hanno generato dapprima attraverso la meccanizzazione e poi attraverso l'automazione.

La redistribuzione delle risorse è stato il colpo di genio dello statismo ma potrebbe anche giocare una parte determinante nella sua fine. Infatti, essa ha creato aspettative sempre più grandi da parte di un numero sempre più numeroso di persone. Ha moltiplicato il parassitismo e le occupazioni parassitarie ad un livello mai raggiunto a memoria d'uomo. Al tempo stesso ha dato alle persone motivi fittizi di credere che esse stiano compiendo lavori utili, essenziali in una società moderna o che stiano svolgendo ruoli sostenibili in una società di progresso.

Avvocati, contabili, notai, impiegati statali, assistiti, ecc., la maggior parte di costoro appartengono a un magma fatto di illusioni presenti e di probabili delusioni future. Essi sono, direttamente o indirettamente, consciamente o inconsciamente, parte di una vasta burocrazia o, in altre parole, una enorme parassitocrazia.

Per alimentare e sostenere questa parassitocrazia, gli stati, dappertutto nel mondo, hanno accumulato debiti enormi che trasmetteranno in eredità alle future generazioni. Per tenere in piedi la facciata ed evitare che crolli, gli stati si sono affrettati a vendere beni e imprese precedentemente arraffate e monopolizzate, stanno promuovendo giochi d'azzardo (lotterie, tombole e ogni sorta di concorso a premi) e stanno spingendo come non mai per il consumismo, in modo da mantenere aperto il flusso delle entrate fiscali.

A qualsiasi essere umano libero e raziocinante lo stato appare, sempre più, come un racket tentacolare basato sull'estorsione, la corruzione e la frode.

È un disastro materiale e morale.

L'impalcatura crollerà quando la percezione di una crisi morale e materiale sarà ancora più palpabile e sarà complicata da una crisi politica; lo scoprire, finalmente, che il re non solo è del tutto nudo ma anche flaccido e deforme.

38

LA CRISI POLITICA

Il velo di finzione che copriva e puntellava la democrazia rappresentativa è finalmente caduto.

La democrazia parlamentare rappresentativa dovrebbe più appropriatamente definirsi come statocrazia manipolativa totalitaria, in quanto lo stato è intervenuto a regolamentare (o ha cercato di regolamentare) qualsiasi aspetto della vita delle persone, inclusi il permesso di bere alcolici da parte delle persone adulte e i loro rapporti sessuali consensuali.

Comunque venga trasformato il processo elettorale, esso non è più rappresentativo, se mai lo sia stato in passato, del volere della maggioranza, affidato a delegati onesti e fidati, e da questi ultimi tradotto nella realtà delle cose attraverso provvedimenti appropriati e ben studiati.

In effetti, anche in passato, questo ritratto ideale di democrazia rappresentativa non corrispondeva alla realtà, in quanto, una maggioranza di persone eleggeva un gruppo ristretto e accettava, in maniera passiva e docile, di essere da esso amministrata.

Adesso abbiamo raggiunto il punto in cui una minoranza della popolazione elegge e delega tutto ad una cerchia ancora più esigua di persone. A questo punto, la vecchia credenza nel processo elettorale come espressione della volontà della maggioranza appare non solo fittizia ma farsesca.

La fiducia nelle consultazioni elettorali è crollata. In molti casi l'urna dei voti è diventata un'urna vuota.

La crisi della democrazia rappresentativa è una crisi della politica 'tout court', o della politica come ha operato durante il periodo dello statismo, vale a dire, fatta di partiti, correnti, gruppi di pressione, tutti impegnati a vendere voti, ad indossare maschere di comodo, a produrre cortine fumogene, a fabbricare menzogne, manipolando le menti della gente, in maniera continuativa e crescente, fino alla nausea totale.

Ed ora vi è una tale frustrazione e sconforto con la politica che chiunque si faccia avanti e sembri dire qualcosa di nuovo, con un nuovo tono di voce e un atteggiamento nuovo, riesce ad attrarre interesse e seguito, almeno per un po' di tempo.

Ma la via d'uscita da questo disordine totale non sta più (se mai lo sia stato) in nuovi predicatori e in seguaci di nuove dottrine.

La via d'uscita risiede, prima di tutto, in un risveglio personale e nella personale consapevolezza di una nuova realtà e dei semi di un nascente potere degli individui sulla propria vita, che questa nuova realtà sta facendo germogliare e crescere.

39

LA NUOVA REALTÀ

La nuova realtà presenta, in molti modi sottili ma inequivocabili, a tutti coloro i cui occhi non sono accecati da interessi costituiti, la decadenza e l'obsolescenza continua dello stato.

Lo stato è in ritirata, dappertutto, su tutti i fronti. Come produttore in regime di monopolio di servizi essenziali, lo stato ha dovuto abbandonare il ruolo in mezzo ad una massa enorme di debiti frutto di una gestione incompetente. Come distributore paternalistico di risorse pubbliche, lo stato marcia verso il dissesto in quanto la crescita delle risorse non eguaglia la crescita nelle aspettative e nelle pretese. Come controllore della vita degli individui lo stato è totalmente impotente tranne che in realtà culturali povere e in società tecnologicamente arretrate.

Parecchi compiti e poteri che sono stati prerogativa dello stato nazionale sono stati assunti da organizzazioni internazionali o riconquistati da comunità locali.

Lo stato nazionale è schiacciato sia dall'alto (globalismo) sia dal basso (localismo) e sta per essere progressivamente e minutamente sbriciolato dall'azione concomitante di queste due poderose ganasce.

Certamente lo stato e gli strati parassiti ad esso legati non se ne andranno via tranquillamente, senza opporre resistenza.

Entrate fiscali perse in un settore saranno bilanciate da un fiscalismo più oppressivo in un altro settore (ad esempio riducendo la tassazione diretta e innalzando o anche raddoppiando la tassazione indiretta). La mano destra si riprende quello che la mano sinistra ha perso o ha dovuto cedere.

La realtà presenta molte facce. Ad esempio, nel caso del controllo statale, lo stesso anno 1989 che ha visto il crollo del muro di Berlino e la dissoluzione degli stati polizieschi dell'Europa dell'est, ha assistito anche al massacro nella piazza Tien-an-men a Pechino e al rafforzarsi del dominio dello stato cinese. Lo stesso anno ha segnato però anche l'apparizione sulla scena del World Wide Web, che ha suonato la campana a morte per ogni tentativo futuro di controllo e di delimitazione di confini da parte dello stato.

Quindi, pur con alti e bassi, questa entità sempre più inutile e pericolosa che è diventata lo stato, sta lottando invano contro i nuovi semi piantati dalla creatività e dal coraggio degli esseri umani in tutto il mondo. Questi nuovi semi stanno rendendo lo stato superfluo e stanno affrettando il momento in cui esso si estinguerà e rimarrà un ricordo di epoche passate.

40

I NUOVI SEMI

Persino durante la fase in cui lo statismo era in ascesa, nuovi semi venivano piantati che ne avrebbero decretato, nel lungo periodo, la fine.

Tutto ciò ha a che fare, come spesso nella storia, con l'andare al di là delle frontiere reali o artificiali. Ai nostri giorni, ciò sta avvenendo con una velocità e ampiezza del tutto degni di nota.

Questo andare al di là dei confini riguarda tre aspetti principali che stanno avvicinando le persone facendo cadere barriere. Questi aspetti fanno riferimento a:

- *esprimere* : gli individui sono in collegamento e in comunicazione con il mondo intero in maniera sempre più libera, agevole ed economica;
- *esplorare* : gli individui si stanno muovendo dappertutto nel mondo, navigando e viaggiando materialmente e virtualmente;
- *scambiare* : gli individui operano scambi a livello mondiale, dando e ricevendo non solo beni materiali ma anche idee ed esperienze.

Attraverso questo esprimere / esplorare / scambiare universale, gli esseri umani e le comunità di cui essi sono parte, stanno progressivamente muovendosi al di là della nazione e dello stato, a mano a mano che essi diventano sempre più familiari con le diverse culture e i diversi luoghi e società attraverso cui passano, sostano, vivono, commerciano, interagiscono.

In effetti, non è l'esprimere/esplorare/scambiare in sé stesso che sia così importante e degno di nota e nemmeno il fatto che stia avvenendo in proporzioni mai viste prima, ma ciò a cui tutto questo può portare e sta già portando, vale a dire lo sviluppo di un nuovo paradigma teorico e pratico.

41

IL NUOVO PARADIGMA

Una nuova realtà che appare a seguito del germogliare di nuovi semi di opportunità deve essere accompagnata dall'emergere di un nuovo paradigma, vale a dire, da un nuovo modo di vedere la realtà e di coglierne le potenzialità.

Questo nuovo paradigma concepisce il mondo come un insieme composto da piccole comunità interconnesse e in cooperazione tra di loro invece che una realtà fatta di blocchi monolitici separati (gli stati nazionali) in contrasto l'uno con l'altro.

Il nuovo paradigma si basa sui concetti di:

- *micro* : attraverso la comunicazione, lo spazio si contrae e il tempo si accorcia; le persone possono essere virtualmente quasi dappertutto (ubiquità) in una frazione di tempo (istantaneità). La miniaturizzazione dei componenti e la riduzione nelle dimensioni degli strumenti vanno di pari passo con l'aumento del potere e del campo d'azione dell'essere umano. Molti individui hanno già adesso a loro disposizione apparecchiature che nemmeno i ricchi e potenti avevano non molto tempo fa.

- *pluri* : l'autonomia (*empowerment*) offerta da questi nuovi strumenti di dimensioni sempre più ridotte e a prezzi sempre più bassi, porta alla moltiplicazione dei centri decisionali, a una diffusione della conoscenza e del potere che dà vita ad una polifonia di voci, in un reticolo vasto ed universale a livello mondiale.

- *continuum* : questa orchestra universale polifonica può essere vista come una rete continua di comunità in cui suoni (lingue), colori (corpi), gusti (atteggiamenti), e altro ancora, si uniscono e si fondono come in uno spettro graduato e variegato. Per questo motivo, le entità che compongono un mondo collegato da una rete di rapporti, non vanno più viste come dualità in opposizione all'interno di frontiere separatrici ma come pluralità interconnesse e cooperanti tra di loro in un continuum senza confini.

In breve, il mondo sta diventando una rete planetaria e polifonica di micro-società, una serie ininterrotta di villaggi abitati da individui e comunità cosmopolite, in relazione tra di loro e aventi cura e responsabilità diretta delle loro realtà.

42

I NUOVI REQUISITI

Il passaggio da blocchi grossi e monolitici in conflitto tra loro a un continuum di piccole entità variegate e polifoniche in collegamento tra di loro, richiede la messa in atto di alcuni requisiti e il loro continuo affinamento.

Questi requisiti possono essere sintetizzati come:

- *varietà* : come le piccole dimensioni danno impulso alla pluralità, così la pluralità promuove la varietà. La varietà di situazioni e di entità sostituisce l'uniformità e si accompagna all'esigenza di versatilità.

- *versatilità* : significa flessibilità e adattabilità nel rispondere a situazione complesse e varie. Sostituisce la rigidità ed è accompagnata dal bisogno di velocità.

- *velocità* : è la prontezza di intervento, specialmente quando occorre scongiurare un disastro o evitare un danno e porre rimedio ad una situazione problematica senza essere ostacolati o bloccati da una procrastinazione irresponsabile o da procedure ritualistiche senza senso.

Questi requisiti di varietà / versatilità / velocità non sono stati e non possono essere attuati dallo statismo con il suo modo di pensare e di agire totalmente burocratico, basato fondamentalmente su principi esattamente antitetici quali:

- uniformità invece di varietà

- rigidità invece di versatilità

- ritualità invece di velocità.

Questi nuovi requisiti, che emergono da un nuovo paradigma, richiedono e promuovono un nuovo scenario.

43

IL NUOVO SCENARIO

Uno squilibrio è diventato sempre più visibile verso la fine del secolo XX. Da una parte assistiamo ad una crescita continua del potere degli individui di esprimere / esplorare / scambiare in maniera autonoma e a livello mondiale, mentre dall'altra essi sono ancora soggetti alle costrizioni e ai vincoli imposti dai padroni dello stato e dalle loro burocrazie. Questo squilibrio non può durare.

Un nuovo scenario sta già iniziando ad apparire.

Questo nuovo scenario si basa e promuove:

- *de-intermediazione* : l'accesso e l'azione diretta sostituiscono l'intermediazione e la delega;

- *de-gerarchizzazione* : le persone che producono e fanno (gli esecutori) dispongono di sempre più conoscenza e diventano essi stessi coloro che prendono le decisioni (i decisori);

- *de-massificazione* : la produzione di beni e servizi individualizzati e personalizzati avanza di pari passo con l'emergere di individui e comunità che occupano i ruoli centrali al posto di masse e corporazioni;

- *de-concentrazione* : la diffusione capillare (di persone, idee, servizi) diventa possibile senza costi aggiuntivi e senza svantaggi in termini di qualità;

- *de-centralizzazione* : non vi sono nodi centrali in quanto la rete, cioè il complesso dei collegamenti, diventa più importante di qualsiasi punto specifico;

- *de-compartimentalizzazione* : le frontiere artificiali indietreggiano e alla fine svaniscono;

- *de-territorializzazione* : la sovranità monopolistica su un vasto territorio diventa una realtà obsoleta e difficile da mantenere;

- *de-monetizzazione* : le monete nazionali e cartacee scompaiono e vengono rimpiazzate da unità elettroniche di compensazione.

Tutti questi aspetti di un nuovo scenario sono parte di uno spostamento del potere che si è andato svolgendo in maniera sotterranea da qualche tempo.

Il risultato di questo spostamento è la **Poliarchia**.

44

LA POLIARCHIA

La Poliarchia è l'organizzazione / diffusione del potere nell'epoca della comunicazione elettronica universale e della regolazione cibernetica diffusa.

Mentre il capitalismo si basava sui macchinari (capitale) e sulla produzione e lo statismo sull'impiego (lavoro) e sul consumo, la Poliarchia si fonda su *attività* in cui, esseri umani dotati di *conoscenza* e di *saggezza* interagiscono con congegni ricchi di dati e di informazioni, allo scopo di promuovere la libertà e il benessere degli individui e delle comunità.

Il fatto che la Poliarchia sostenga la libertà (liberalismo) contro le restrizioni alla libertà (dirigismo), non vuol dire che propugni un ritorno al capitalismo; e questo per molte ragioni, morali e storiche. Ma la ragione più semplice è che alcune delle componenti che diedero vita al capitalismo (ad esempio, gli strumenti meccanici) non esistono più. In termini sociali e tecnologici siamo andati molto al di là del capitalismo in quanto una realtà materiale meccanica ha fatto posto ad una realtà virtuale elettronica e il ruolo centrale occupato una volta dal capitale (stock di macchine) è stato preso dalle attività creative (flussi di idee).

Come lo statismo ha rimpiazzato il capitalismo, così la Poliarchia sta prendendo il posto dello statismo che è stata l'organizzazione / concentrazione del potere propria di un mondo dominato dal gigantismo e dalla forza bruta, con a capo una burocrazia che soffocava la varietà, aboliva la flessibilità e, molto spesso, annullava qualsiasi barlume di razionalità.

La Poliarchia è l'organizzazione propria di un mondo cibernetico composto da una molteplicità e varietà straordinaria di :

- *nodi* (individui e comunità);
- *reti* (di comunicazione, coordinazione, cooperazione);
- *percorsi* (modi di connessione e forme di espressione).

La Poliarchia si basa sull'autonomia degli individui e delle comunità su una scala mai raggiunta prima a memoria d'uomo.

Mentre lo statismo poggia sulla divisione del potere fra le élites, in un centro, all'interno dello stato, la Poliarchia significa diffusione e moltiplicazione dei poteri, tra individui e comunità, dappertutto, senza lo stato.

Infatti, la Poliarchia, incoraggiando la diffusione sempre più vasta e radicata della tecnologia (ad esempio, come comunicazione) e della consapevolezza (ad esempio, come partecipazione) ha messo in crisi l'idea stessa di centro e di periferia e certamente la sua cristallizzazione.

Attraverso la moltiplicazione di centri, la Poliarchia mira a *superare* tre fratture storiche:

- *la divisione centro-periferia* (conosciuta anche come divisione / opposizione città-campagna) : ogni comunità deve diventare un nodo attivo (un centro) nella rete senza subordinazioni imposte a capi e capitali;

- *la divisione dominante-dipendente* (conosciuta anche come divisione / opposizione manuale-intellettuale) : ogni individuo deve diventare un protagonista (un attore) a pieno titolo nella comunità e nella rete, seguendo le sue libere inclinazioni e aspirazioni;

- *la divisione pubblico-privato* (conosciuta anche come divisione / opposizione società-individuo): ogni individuo deve essere libero di scegliere di quale società essere membro o anche essere libero di vivere in disparte da qualsiasi interazione sociale.

Quando e dove divisioni di questo tipo sopravvivono in modo autoritario e cristallizzato, allora vorrà dire che ci troviamo ancora di fronte alla persistenza dello statismo anche se mascherato da una fraseologia di comodo.

Oltre a questo punto essenziale rappresentato dalla moltiplicazione di liberi individui in libere comunità, la Poliarchia si basa su specifici:

- princìpi
- protagonisti
- processi.

45

PRINCÌPI

La Poliarchia sostiene i seguenti principi di base:

- *autonomia* : individui e comunità dovrebbero essere liberi di fare qualsiasi cosa che non sia espressamente dichiarata di danno per un'altra comunità o per altri individui. Questo in contrasto con lo statismo in genere e lo stato autoritario in particolare in cui, attraverso una proliferazione di proibizioni, restrizioni ed imposizioni, si era raggiunto il punto in cui tutto ciò che non veniva espressamente consentito era proibito.

- *equità* : mentre uguaglianza potrebbe significare uniformità, equità mira alla lealtà e correttezza tra individui vale a dire ad un agire con ragionevolezza, giustizia ed onestà.

- *responsabilità* : l'assistenzialismo statale è messo da parte e sostituito da individui e comunità che si prendono direttamente cura gli uni degli altri e si aiutano a vicenda sulla via della maturazione ed indipendenza invece di essere tenuti e mantenuti in uno stato di continua dipendenza. Tralasciando casi eccezionali, i ruoli di chi si prende cura e di chi viene aiutato non sono assegnati in permanenza agli stessi individui, come è la regola sotto lo statismo burocratico, ma sono, a turno, svolti da ognuno.

La messa in pratica di questi principi di base richiede la proliferazione e il consolidamento di nuovi e attivi protagonisti in contrasto con le innumerevoli comparse distanti e indifferenti che vegetano sotto lo statismo.

46

PROTAGONISTI

La Poliarchia è opera di :

- *individui cosmopoliti polivalenti*
- *comunità multi-culturali e multi-etniche.*

Questi due protagonisti danno vita ad una realtà dinamica fatta di una rete di

- cooperative di produzione e di distribuzione

- agenzie civiche locali (a livello regionale e sub-regionale) che garantiscono i servizi comuni (ad esempio, la manutenzione delle strade) e l'applicazione di regole di base (ad esempio, concernenti l'igiene degli alimenti).

La distinzione tra individui e comunità non ha nulla a che fare con la vecchia e ideologica (quindi falsa) distinzione tra privato e pubblico che originò a suo tempo come contrasto tra coloro che erano esclusi dall'accesso a cariche statali (i privati) e coloro a cui esse venivano garantite come privilegi statali (i cortigiani, i sicofanti, e così via).

Anche la distinzione tra nazionale (indigeno, locale) e straniero (diverso, forestiero) perde qualsiasi rilevanza giuridica e diventa priva di significato a mano a mano che ognuno riconquista la libertà di muoversi dappertutto senza che sussistano più barriere imposte dallo stato per impedire / restringere il movimento delle persone come è avvenuto fino ad un passato recente.

Infatti, con l'estinzione dello stato e della sua burocrazia, queste false distinzioni e questi contrasti basati su ostilità scompaiono e sono rimpiazzati dall'interazione di individui e di comunità su un continuum di connessioni : dall'individuo in via di sviluppo all'individuo pienamente sviluppato, a molti individui, alla piccola comunità, alle varie comunità, a una comunità mondiale composta di un mondo di comunità.

Queste interazioni ricche e varie tra protagonisti (individui, comunità) animano i processi dinamici della Poliarchia.

47

PROCESSI

La Poliarchia si basa su processi di autoregolazione multipli, a vari livelli tra loro interconnessi.

All'opposto dello statismo che si incentrava essenzialmente su processi decisionali dall'alto verso il basso, la Poliarchia poggia su flussi reticolari (informazioni, decisioni, azioni) in cui non vi è un centro visibile o un vertice riconosciuto e cristallizzato.

I differenti livelli gerarchici dello statismo devono essere messi da parte in modo da far posto al principio generale di autonomia (autoamministrazione). Questo principio afferma in tutta semplicità che coloro che sono interessati da un regolamento devono essere gli stessi che sono coinvolti nella formulazione e adozione dello stesso.

Inoltre, le entità nell'ambito della poliarchia sono unità permanentemente attive e pensanti che reagiscono in tempo reale a squilibri (attraverso feed-back), prevedono l'emergere di problemi e ne anticipano, per quanto possibile, la soluzione (attraverso una pianificazione del futuro).

La realtà presenta aspetti così dinamici che la pratica dilazionatoria dello stato di risolvere i problemi, dopo che essi si sono manifestati, attraverso misure amministrative o legislative la cui discussione, adozione e attuazione richiede anni (se non decenni) appare sempre più figlia di una èra sorpassata.

Ora lo sclerotico apparato amministrativo dello statismo deve far posto ai processi cibernetici della Poliarchia. Essi consistono nello sviluppo di nodi autonomi collegati da reti robuste attraverso percorsi rapidi e flessibili, in cui la varietà (delle situazioni) si accoppia alla versatilità (delle azioni) e alla velocità (delle decisioni).

La Poliarchia è il sistema organizzativo appropriato per *comunicare/coordinare/cooperare* nell'epoca della società reticolare, in cui princìpi morali sostituiscono nuovamente prìncipi e principali imposti dall'esterno e in cui gli esseri umani non sono più ingranaggi nella macchina dello stato, subordinati a svolgere lo stesso compito da tempo immemorabile, ma protagonisti di un nuovo entusiasmante capitolo della storia universale.

48

CONSIDERAZIONI FINALI

Lo spirito dominante del XX secolo è stato il mito dello stato, il protettore, il dispensatore, l'*alma mater* di masse divorate dall'ansia. L'ansia è scomparsa e il mito si sta sgretolando. Solo lo stato sopravvive, ma per forza d'inerzia.

Nonostante ciò, una intensa lotta va ancora combattuta tra lo stato da una parte e gli esseri umani e le comunità promotori della Poliarchia dall'altra. La burocrazia statale cercherà, sino alla fine, di colpire e bloccare l'autonomia con ogni sorta di armi ideologiche, vociando le sue litanie d'altri tempi contro l'individualismo, l'interesse 'privato', l'anarchia. Si tratta dello stesso vecchio gioco : diffondere odio e paura; promuovere e alimentare irresponsabilità e incoscienza.

Troverà la solita vecchia cricca : il comunista autoritario, il liberale pentito, il falso anarchico, il sindacalista arrabbiato, il nazionalista devoto, tutti sotto bandiere rispettabili (l'anarchia, l'ecologia, l'internazionalismo, l'anti-autoritarismo). Sotto queste maschere essi cercheranno di far passare ed imporre il solito puzzolente fardello fatto di monopolismo, protezionismo, paternalismo, in una parola, l'oppressione statale. E, come al solito, tutto ciò nel nome di coloro che essi pretendono di difendere (la classe operaia, i popoli dei paesi in via di sviluppo, ecc.) ma che ogni giorno corrompono moralmente ed opprimono materialmente.

Gli esseri umani e le comunità devono essere e diventare estremamente consapevoli di questa spazzatura ideologica, in modo da smascherare ciò che essa nasconde : l'arroganza, l'avidità e il bieco parassitismo dello stato.

Dobbiamo costruire un cammino che ci porti fuori da questo triangolo senza uscita eretto da burocrati e politicanti, intellettuali servili e degeneri, falsi assistiti e corrotte clientele. Dobbiamo porre fine al parassitismo e allo sfruttamento e sostituirli con la produzione e la compartecipazione di ognuno a beni e servizi che portino ad un benessere sempre più diffuso.

La cooperazione e l'aiuto reciproco sono sopravvissuti nel retroscena della storia; è tempo che ora occupino il proscenio.

Lo stato nazionale si sta sfaldando rapidamente e possiamo percepire il puzzo intenso della sua decomposizione nei numerosi casi di imbrogli, corruzioni, appropriazioni indebite, ingiustizie e violenze che sono stati e tuttora sono, sempre più, pratica corrente di questa enorme parassitocrazia. Dobbiamo stare molto attenti a ciò che ne prenderà il posto perché i parassiti sono abbastanza astuti e sanno trovare molti modi per mantenere le persone in posizione subordinata, moralmente, mentalmente e materialmente.

La dinamica padrone-servo, egoismo-altruismo, non si arresta mai.

L'impresa di emancipazione e liberazione è un compito senza fine.

Anche la Poliarchia non è la soluzione definitiva. Rappresenterà solo un periodo della storia. Globalismo e localismo possono cambiare di significato, dando vita ad ulteriori dinamiche.

Forse la moltiplicazione dei centri non sarà sufficiente e vi sarà un passaggio dalla Poliarchia alla Panarchia, quando ogni singolo individuo e ogni piccola comunità aspirerà a diventare sempre più protagonista, un centro fiorente in piena autonomia.

La Storia va avanti fino alla fine dei tempi.

Individui e Comunità di tutto il Mondo
risvegliatevi, associatevi e agite.

www.ingramcontent.com/pod-product-compliance
Lightning Source LLC
LaVergne TN
LVHW012111160826
845678LV00014B/3032

* 9 7 8 1 9 0 5 6 6 8 1 1 3 *